Exercices de SWAG

Direction éditoriale : Stéphane Chabenat
Éditrice : Charlotte Sperber
Conception graphique et mise en pages : Nord Compo
Conception graphique de la couverture : olo.éditions

Les Éditions de **l'Opportun**
16, rue Dupetit-Thouars
75003 Paris
www.editionsopportun.com

Léopold Julia

Exercices de SWAG

Les éditions de l'Opportun

À mon frère Gérald

À Anne, Lou et Pablo
trois muses dans ma vie

Sommaire

Introduction

« Exercices de swag », qu'est-ce que c'est ?

Ce sont 99 interprétations personnelles et supplémentaires aux *Exercices de style* de Raymond Queneau : un remake version 2021. Toujours la même trame narrative, racontée de 99 nouvelles manières. De la fable de La Fontaine au *SAV des émissions*, de la chanson de Brassens à la page Facebook, de Cyrano de Bergerac au *Kamoulox*, (re)découvrez cette histoire à travers 99 versions inédites.

Tout commence un soir d'automne 2013. Je venais de tomber (ne me jugez pas), en zappant (si si), sur un épisode des *Marseillais*. Malgré mes piètres talents d'imitateur, je remarquai qu'il était plutôt aisé de parodier leur façon de parler : ces gens-là paraissaient déjà si caricaturaux ! Ce que je fis (sans toutefois déclencher l'hilarité générale). L'idée, nonobstant, était là ; cette émission était tellement codifiée (aux antipodes, donc, de ce que l'on vend comme télé « réalité ») qu'elle avait de fait un univers très marqué, notamment à travers son propre langage : un argot savamment travaillé. Dès lors, il devenait possible de « traduire » n'importe quel texte en ce sociolecte partagé par les candidats de télé-réalité, un sociolecte étant la variété d'une langue dont les locuteurs appartiennent à un groupe social particulier défini par exemple par l'âge, la profession ou la pratique d'une activité. Autrement dit : un argot ou un jargon. Car, ne nous méprenons pas, ce *Marseillais* n'est pas le parler marseillais authentique, dans le cas duquel on emploierait plutôt le terme de « topolecte » (variété locale, territoriale d'une langue). Il en partage certes beaucoup d'aspects (le fameux accent pour ne citer que lui), mais il a des spécificités qui lui sont propres. Comme il devenait ainsi possible de raconter n'importe quelle histoire à travers la voix d'un *Marseillais* et avec cette notion de « sociolecte » en tête, divers autres jargons me sont apparus. En télévision bien sûr mais aussi dans le sport, la littérature ou la musique… L'idée de ces exercices de swag était née. Et, à mon désarroi le plus total, je la devais aux *Marseillais*. Ce fut en effet la première version que j'écrivis. Il me fallait donc rendre ceci à César (celui de Pagnol, naturellement).

Par ailleurs, biberonné que je fus à Brassens et ayant longtemps suivi des cours d'expression scénique puis d'art dramatique, je développai assez tôt un amour des mots et des jeux avec ceux-ci. Les exploits oulipiens de Queneau ou Perec me fascinèrent, tout comme le théâtre classique (dont l'écriture est, de fait, nécessairement contrainte) de Molière ou Rostand. Et comme, au Conservatoire, notre professeure Marie-Claire nous demandait d'écrire un texte sur un thème donné chaque semaine, on écrivit. Et l'on apprit à aimer cela. Je découvris ainsi que, paradoxalement, la contrainte littéraire permettait souvent de contourner l'angoisse de la page blanche. Composer un acrostiche ou chercher une anagramme, cela nécessite de partir d'une base, d'un texte de référence. On ne se lance pas dans l'inconnu à partir du néant mais on a à la fois un point de départ et une direction. À s'attacher à la forme, on se libère un temps du fond, ce qui facilite le déclenchement de l'écriture. C'est cela : la contrainte, c'est la liberté. Outre ces considérations orwelliennes, il se trouve que je peux expérimenter cela avec mes élèves depuis que je suis professeur des écoles. En effet, même si ce n'est pas pour autant une panacée, le recours aux exercices oulipiens (écrire une phrase lipogramme, tautogramme, avec un déclencheur…) permet souvent d'alléger le poids de la page blanche chez les élèves. Tout comme chez les adultes d'ailleurs. Aussi n'ai-je pas su résister à l'envie de me prêter, moi aussi, au jeu des contraintes littéraires. Raison pour laquelle vous trouverez çà et là, parmi les versions parodiques dont je fais mention plus haut, d'autres versions plus oulipiennes : lipogramme, tétracrostiche, palindrome, mots croisés… Cette envie d'explorer davantage les secrets de notre langue – et de gagner au passage en légitimité – s'est traduite, des années plus tard, par une reprise d'études en sciences du langage au sein d'un parcours axé sur la sociolinguistique. Aujourd'hui doctorant, j'ai fait des anglicismes mon objet de recherche : je m'attache à analyser l'accueil qui leur est réservé d'une part par nos institutions, et d'autre part par les dictionnaires d'usage. N'en déplaise aux puristes, il se pourrait bien que vous en croisiez quelques-uns au gré de ces 99 versions. *My bad.*

Cet ouvrage est donc une déclaration d'humour à la langue française et ses nombreux visages. Un hommage à Queneau et l'OuLiPo, aux surréalistes, aux nombreux artistes (et moins artistes) qui ont marqué plusieurs générations. À toutes celles et ceux qui font la richesse de notre langue et qui partagent le goût des mots. Un désir d'exprimer le plaisir de jouer avec ceux-ci et de donner envie de lire, sourire… et pourquoi pas écrire ?

Texte originel : *Exercices de style*, Raymond Queneau,

4e de couverture

« Le narrateur rencontre, dans un autobus, un jeune homme au cou long, coiffé d'un chapeau orné d'une tresse au lieu de ruban. Le jeune voyageur échange quelques mots assez vifs avec un autre voyageur, puis va s'asseoir à une place devenue libre. Un peu plus tard, le narrateur rencontre le même jeune homme en grande conversation avec un ami qui lui conseille de faire remonter le bouton supérieur de son pardessus. »

Afin que le texte conserve son fond mais revête la forme d'une fable, on s'attachera à respecter les principaux codes de celle-ci : vers préférentiellement alexandrins ou octosyllabiques, formulation de la morale au début et/ou à la fin du texte et utilisation privilégiée d'animaux plutôt que d'hommes pour illustrer le récit. Cet anthropomorphisme permet à La Fontaine de recourir à des personnages archétypaux sans avoir à s'appesantir sur la description de leurs caractères : le renard est par essence rusé, nul besoin de le mentionner à chaque fois. Afin de gagner en cohérence, on tâchera de ne point commettre d'anachronisme quant au vocabulaire utilisé, l'âge d'or de la fable (cela n'engage que moi) se situant entre le XVIIe (pour La Fontaine) et le XVIIIe (pour Florian), même s'il reste vrai que ces derniers doivent beaucoup à Phèdre et plus encore à Ésope.

Fable

Tribute to Jean de La F, 1668

La Cigogne et La Souris

Se montrer belliqueux envers ses congénères,
Et montrer en tous lieux un air hautain et fier :
Voilà qui n'exclut point d'être à son tour moqué.
La cigogne en fut quitte, et nous l'allons montrer.

Une fière cigogne, ornée de son suroît
Qu'une discrète tresse entourait galamment,
Avait pris le parti, cette matinée-là,
De monter en carrosse et s'en aller aux champs.
Le coche était complet ; tant, que les voyageurs
À chaque soubresaut se bousculaient en chœur.
« *Veuillez ôter vos pieds de mes pattes fragiles !* »
Pesta le pédant volatile.
« *Souffrez que vos haillons ne viennent m'approcher !* »
Craqueta-t-elle aux passagers.
La cigogne était prompte aux viles brouilleries
Et avait d'elle-même un bien céleste avis.
Si bien qu'elle eut tôt fait d'agacer ses voisins

À grand renfort de cris et de regards hautains.
Elle moqua chacun des animaux présents
Puis, d'un bond gracieux, vint s'asseoir sur un banc.
« *Messieurs je n'y puis rien si je vous prends de haut :*
La Nature crut bon de me faire un long cou.
Pourquoi me rabaisser jusqu'à votre niveau ?
Vous ne méritez point que l'on se courbe à vous ! »

Toujours fanfaronnant sans aucune vergogne,
Nous retrouvons plus tard l'insolente cigogne
En pleine altercation avec une souris.
« *Vous vous targuiez alors* », lui lance celle-ci,
« *De contempler les gens d'une certaine hauteur.*
Mais vous ne voyez pas quel est votre malheur :
D'une telle altitude, il est bien évident
Que vous êtes première à savoir quand il pleut.
Vous vous trempez donc plus que quiconque en ces lieux !
En offrant tant de prise aux caprices du temps,
Se prévenir du froid s'avère un vain espoir.
Cachez-moi donc ce cou que l'on saurait trop voir ! »

Ainsi, moqueur devint moqué.
Et qui toisait de haut… se trouva rabaissé.

Cette contrainte impose d'écrire de façon à ce que les mots employés (particulièrement les déterminants, noms et adjectifs) laissent une ambiguïté quant au sexe des personnages, lesdits mots devant être identiques au féminin et au masculin. De tels noms sont dits épicènes, soit dit en passant. Et paf, de quoi briller en société *mes enfants* !

Il s'agit là d'une adaptation du « Test de Turing », nom donné par les oulipiens (référence à un jeu imaginé par le susdit mathématicien) à la contrainte qu'Anne F. Guarréta a employée dans son roman *Sphinx* au sein duquel aucune marque grammaticale ne permet de déterminer le sexe des protagonistes.

Inclusif

Tribute to Olympe DG, 1793

Monte enfin dans le bus 84 l'ubuesque enfant (architecte en devenir, soit dit en passant) dont tout cet ouvrage est l'objet. Un galbe du cou pour le moins prononcé, un couvre-chef orné d'une tresse plutôt que d'un ruban, difficile de ne pas remarquer ses protestations répétées. À croire que la promiscuité forcée au sein de cet autobus l'agace plus que de raison. L'adulte entre deux âges qui est particulièrement victime de ses plaintes aurait soi-disant piétiné les chaussures de l'affable et colérique élève architecte dont il est ici question. Notre enfant terrible va finalement se calmer et s'assoit sur une place désormais vacante.

Deux heures se sont écoulées lorsque je revois notre désagréable artiste, devant la gare Saint-Lazare. Une de ses proches connaissances lui indiquait de faire rajuster le bouton supérieur de son pardessus.

Du coin de l'œil, je vis le bus 84 qui s'approchait. Je lançai une œillade au conducteur et montai à bord. À première vue, le car était bondé. À seconde vue aussi. Un jeune homme au long cou et au couvre-chef tape-à-l'œil fit de l'œil à son voisin et lui jeta de noirs regards. Puis il l'accusa de n'avoir pas les yeux en face des trous. Visiblement, son voisin le bousculait et marchait sur ses pieds à chaque remous du bus. Mon œil ! Le voisin fit les gros yeux et répliqua œil pour œil, dent pour dent. Je voyais cette altercation d'un mauvais œil. Mais dès qu'une place libre lui sauta aux yeux, l'homme au long cou s'y précipita finalement.

Deux heures passèrent lorsque devant la gare, je n'en crus pas mes yeux. Je revis de mes yeux l'homme au long cou. Un ami lui disait de rajouter un œil à son pardessus.

Braille

Tribute to Louis B, 1829

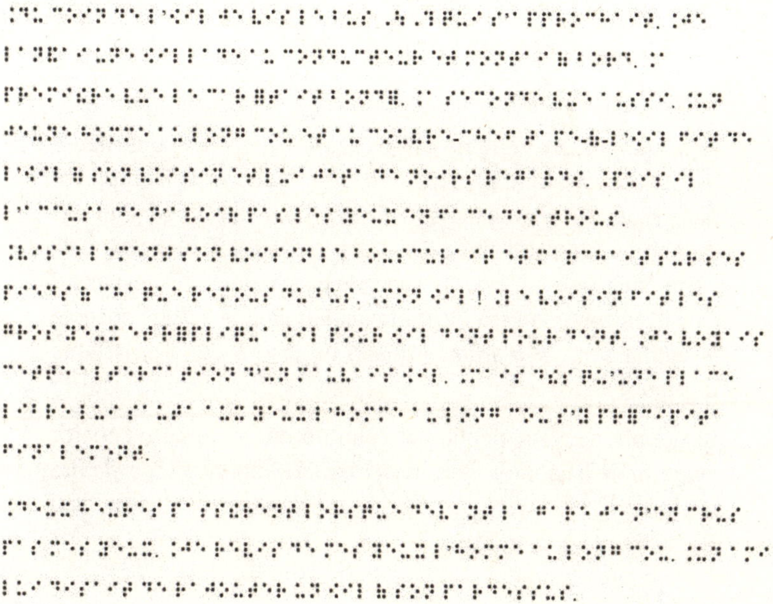

Le zeugma ou « zeugme » (ζεῦγμα en grec) est une figure de style consistant à associer à un même verbe ou adjectif deux mots ou propositions distinctes qui n'ont en général pas de lien l'une avec l'autre. On sous-entend volontairement le verbe (ou l'adjectif) pour la seconde proposition qui y est associée et le zeugma sera dit syntaxique quand le verbe conserve le même sens, sémantique quand on joue avec la polysémie de celui-ci.

L'exemple souvent donné est celui né de la plume de Victor Hugo dans le poème *Booz endormi* paru dans *La Légende des siècles* en 1859 : « vêtu de probité candide et de lin blanc », d'où le clin d'œil dans le titre.

Zeugmas

Tribute to Victor H, 1859

Ce jour-là, j'avais pris ma douche, mon temps, un café, la porte, le bus de la ligne 84 et la mouche. En effet, à mon grand désespoir et à cette heure de pointe, ledit autobus était encore une fois noir de crasse et de monde... De plus, je traînais les pieds ainsi qu'un mauvais rhume.

Un passager, particulièrement agité de tics et du bocal, commença alors à pester. Il faut dire qu'il avait l'air énervé et un cou sacrément proéminent. Soudain, il ajusta son chapeau à cordon ainsi qu'un coup de coude à son voisin sous prétexte que ce dernier le bousculait à chaque halte du bus. Saisi de surprise et par la manche de son veston, le pauvre accusé ne sut que bredouiller, puis présenta à l'homme au long cou tant ses excuses qu'une place devenue libre.

Deux heures et un car de touristes passèrent, je me trouvais alors face à la gare et mon destin. Le parvis comprenait trois allées et moi très mal ce qui se passait : c'était la deuxième fois que je voyais cet homme mais pas bien ce qu'il manigançait. Il se faisait remonter le bouton du col de sa veste et les bretelles par un ami qui masquait son visage mais pas son agacement. Je pouvais deviner qu'étaient décousus tant le revers de son manteau que ses paroles : l'homme au long cou chargea alors son sac sur le dos et son ami de lui emboîter le pas. Sans les quitter des yeux, je tirai une bouffée de ma cigarette et quelques plans sur la comète…

Il serait présomptueux et vain de vouloir résumer en quelques lignes l'art du haïku. Autant évoquer directement les contraintes de fond et de forme que je me suis concrètement imposées pour cette version. La forme : un monostique de 17 syllabes réparties en 3 lignes (de respectivement 5, 7 et 5 syllabes). Le fond : la très importante règle du « *kigo* » (mots-clés devant évoquer la nature ou l'une des quatre saisons [« soleil au zénith » ainsi que « gare bouillonnante » sont, ici, censés représenter l'été]), et l'idée de mettre en perspective les images évoquées. Soit en partant d'un point de vue global pour s'attarder à la fin sur un détail, soit au contraire en partant de ce détail en question pour en extrapoler une pensée à caractère universel, ce qui se fait autour d'un mot-pivot, le « *kireji* ».

Il est à noter que Queneau, parmi ses *Exercices*, offre une version « tanka » dont celle-ci est inspirée. Le « tanka » est, dans la poésie japonaise, l'ancêtre du haïku en ce sens que son apparition est antérieure et qu'il se compose ainsi : un tercet de 17 syllabes (on parle de « mores » dans la prosodie nippone) qui deviendra plus tard le haïku, puis un distique de 14 mores réparties en deux vers de 7.

Haïku

Tribute to Masaoka S, 1891

Soleil au zénith
L'homme au long cou dans le car
Ses pieds écrasés

Gare bouillonnante
Impression de déjà-vu
Un bouton manquant

Plagiaire par anticipation (terme cher aux oulipiens), il semblerait que Stéphane Tufféry, dans son ouvrage *Le style, mode d'emploi* (1999) ait déjà exploré la piste des holorimes. Des vers holorimes sont des vers qui poussent la rime à son paroxysme : c'est le vers en entier qui est homophone de l'autre, les deux se prononçant de la même manière. C'est en quelque sorte un prolongement de ce que l'on nomme « kakemphaton » (j'adore ce mot), à savoir une phrase pouvant être comprise de différentes manières à cause de la confusion phonétique sur certains mots (mais pas la totalité, contrairement au vers holorime). On citera ici l'exemple né de la plume de Corneille dans *Polyeucte* : « Vous me connaissez mal : la même ardeur me brûle / Et le désir s'accroît quand l'effet se recule » (Et le désir s'accroît quand les fesses reculent).

L'holorime, dans ce cas, qu'en fait-on ?

LOL aux rimes dans ce kakemphaton.

Holorimes

Tribute to Jean G, 1892

Dans ce car à l'hagard jeune homme : salle comble.
Je le rêve oie, lui, et son col aigrit mon cœur.

Danse, car à la gare je nomme ça le comble :
Je le revois lui, et son collègue rit, moqueur.

Le personnage de *Cyrano de Bergerac*, dont Edmond Rostand fit un chef-d'œuvre en 1897, aurait sans nul doute été un oulipien patenté. Qui mieux que lui peut en effet incarner l'art de jouer avec les mots, l'amour des lettres qui ne se départit pas d'un attrait certain pour les sciences, et le maniement du verbe poussé à la perfection ? Sa célébrissime « tirade du nez » n'est, du reste, rien moins qu'un remarquable exercice de style puisqu'il y décline le même propos de vingt façons différentes. Il poursuit d'ailleurs sa joute oulipienne, quelques vers plus loin, en manifestant son goût pour les contraintes littéraires : il s'engage à composer « à l'improvisade » une ballade dans les règles de l'art (« trois couplets de huit vers [...] et un envoi de quatre »), tout en ferraillant (« à la fin de l'envoi, je touche »).

Le théâtre classique demeure, par définition, un parfait exemple de littérature contrainte et, en ce sens, oulipienne. En effet, il n'est qualifié de « classique » que parce qu'il respecte des règles à la fois sur le fond et la forme. La pièce de Rostand s'affranchit certes de certaines règles de fond (des « trois unités », elle ne présente ni l'unité de lieu ni celle de temps, quant à la bienséance... on repassera) mais magnifie la forme. Cette comédie dramatique en cinq actes est écrite en alexandrins (près de 2 600 vers, dont plus de la moitié reviennent à Cyrano), en outre Rostand respecte également la règle d'alterner rimes féminines (se terminant par un « e » muet ou caduc) et rimes masculines (les autres).

Ici, l'alternance est conservée tout comme l'ordre exact des vingt adjectifs de la tirade originale. Afin d'être tout à fait rigoureux quant à la métrique et la versification, les trois diérèses prononcées par Cyrano sont également maintenues (curieux, gracieux, parodiant).

Si les écrits oulipiens vous intéressent autant que Cyrano, je vous invite à faire un tour du côté de la page « contributions » du site http://www.cyranodebergerac.fr : j'y présente diverses réécritures lipogrammatiques des tirades les plus célèbres de l'œuvre de Rostand.

Cyrano

Tribute to Edmond R, 1897

ACTE VIII, scène 4

LE PASSAGER
Attendez ! Je vais lui lancer un de ces traits !...
(Il s'avance vers William qui l'observe et, se campant devant lui d'un air fat.)
Vous... vous avez un cou... heu... un cou... très grand.

WILLIAM, *gravement*

Très.

LE PASSAGER, *riant*
Ha !

WILLIAM, *imperturbable*
C'est tout ?...

LE PASSAGER

Mais...

WILLIAM

Ah ! non ! C'est un peu court,
jeune homme !

On pouvait dire… Oh ! Dieu ! … bien des choses en somme…
En variant le ton, par exemple, tenez :
Agressif : « Moi, Monsieur, avec un cou si laid,
J'eus tôt fait de finir en gibier de potence ! »
Amical : « Se vêtir ? Quel malheur, quand j'y pense :
Aucun nœud papillon n'est jamais assez grand ! »
Descriptif : « C'est un ais !... un beaupré !... un gréement !
Mais que dis-je, un gréement ?... C'est un mât de cocagne ! »
Curieux : « Êtes-vous, battant fier la campagne,
Un bâton de sourcier ? Celui d'un pèlerin ? »
Gracieux : « Aimez-vous à ce point les marins
Que paternellement vous vous fîtes le phare
Qui guide leurs bateaux quand la nuit se fait noire ? »
Truculent : « Ça, Monsieur, avec un tel collet,
Combien de temps faut-il lorsque vous avalez
Pour que cette bouchée atteigne votre panse ? »
Prévenant : « Gardez-vous qu'on vous gave en silence,
Vous prenant pour une oie, pour fêter la Noël ! »
Tendre : « Je suis certain qu'il monte jusqu'au ciel.
Mettez-y une échelle afin d'y voir l'aurore. »
Pédant : « Vous demeurez le seul *Gigantosaure*
Qu'un paléontologue a le gré d'observer.
Ne vous étonnez point qu'on se jette à vos pieds ! »
Cavalier : « Vous pensez le col roulé en vogue ?
Cher ami… D'aussi vil, il n'y a rien d'analogue ! »
Emphatique : « Ce cou, ainsi proéminent,
Nul ne peut l'enrouer, si ce n'est l'ouragan ! »
Dramatique : « Zeus tremble et frémit quand il tousse ! »
Admiratif : « Grands dieux ! Quelle altière frimousse ! »

Lyrique : « Était-ce une hydre ? Ou tel serpent maudit ? »
Naïf : « De cette tour, voit-on le Tout-Paris ? »
Respectueux : « Monsieur, votre allure interpelle :
D'avoir un port altier vous êtes le modèle ! »
Campagnard : « Hé, vindiou ! C'est-y un cou ? Nenni !
C'est queuqu'panais géant ou queuqu'long salsifis ! »
Militaire : « À tribord ! Sortez le périscope ! »
Pratique : « N'est-il pas parfait vase canope ?
Assurément, Monsieur, il en a les contours ! »
Enfin, parodiant Reagan et le discours
Qu'il tint à Berlin-Ouest face au triste édifice :
« 'Tear down this *col*, Mister!' : Rasez cette immondice ! »
(Il marque un temps.)
Eussiez-vous eu vous-même une telle laideur
Que je vous eusse dit, sans la moindre froideur :
« J'aimerais vous revoir, face aux trains que j'abhorre,
À régir le trafic ainsi qu'un sémaphore. »
Mais malheureusement, je ne décèle en vous
Aucune utilité, aucun précieux atout,
Si ce n'est de 'cirer' les brodequins d'autrui
– Non pas en les couvrant de souples flatteries –
Mais, littéralement, en leur cassant les pieds.
Ainsi, si c'est mon cou, ma veste ou mes souliers
Qui vous déplaisent tant, vous m'auriez pu le dire
De près de cent façons… la vôtre étant la pire.

Du grec *ἄκρος* (ákros : « extrême ») et *στίχος* (stíkhos : « rang »), il s'agit d'une contrainte littéraire amplement définie et utilisée en littérature, notamment par les membres de l'OuLiPo. Le principe est de faire en sorte que les premières lettres de chaque vers d'un poème, lues verticalement, créent un mot ou un message. Diverses variantes existent, selon l'endroit où l'on s'impose de dissimuler le message : début et/ou fin de vers, et/ou début et/ou fin d'hémistiche, vers ou prose, acrostiche utilisant la première syllabe ou le premier mot (et non la lettre) de chaque ligne ou phrase... On pourrait s'amuser à le décrire ainsi : *Auguste contrainte rigoureusement oulipienne, signes ténébreux intelligemment cachés, hermétique évocation.*

Voir : 12. Tétracrostiche p. 45

Acrostiche

Tribute to Raymond Q, 1903

Risquez-vous à errer comme on pérégrinait :
À bord d'un omnibus, on ne peut plus serré,
(**Y** aurait-il un monde aux autocars vacants ?...
Maudite heure de pointe et ses odieux manants !)
Où un vil passager piétine vos petons
– **N**onobstant le respect qui serait de raison –
Dédaignant chaque fois de demander pardon.

Quand cet énergumène au cou démesuré
Use d'un irrespect tout aussi prolongé,
En mon for intérieur je bous d'agacement.
N'était-ce ce cordon en guise de ruban
Entourant son chapeau, il faudrait, lui dit-on,
À son pardessus noir, ajuster un bouton.
(**U**n hasard, que je croise à nouveau ce félon !)

À supposer qu'on me demande ici d'expliciter le plus clairement et fidèlement possible cette contrainte, ce qui est d'ailleurs complètement le cas à vrai dire, aussi serais-je évidemment obligé de préciser en premier lieu qu'elle est vraisemblablement due à un membre éminent de l'OuLiPo - mais à la réflexion, ne le sont-ils tous pas - connu sous le nom de Jacques Jouet - puisque c'est le sien - écrivain et dramaturge de son état, et paraphrasant ainsi ce qu'il eût pu vous narrer lui-même mais certainement avec davantage de verve que ma modeste personne, je vous dirais qu'il s'agit dans ce cas précis de devoir raconter une histoire, quelle qu'elle fût soit dit en passant, en entamant nécessairement, et ceci est la première règle, son texte par la locution « À supposer qu'on me demande de... » - d'autres lanceurs sont également proposés pour ceux qui auraient un quelconque souci avec tout ce qui est suppositions ou même suppositoires - le but étant alors de la pouvoir narrer en une seule et même phrase sans ponctuation forte en son sein, ceci demeurant la deuxième règle à respecter scrupuleusement, les oulipiens considérant enfin que pour que le défi soit relevé dignement la phrase doit comporter *a minima* mille caractères, soit l'équivalent, à la louche, d'environ deux cents mots, et là réside la troisième et dernière règle imposée par cette contrainte.

À supposer...

Tribute to Marcel P, 1913

À supposer qu'on me demande ici dans le souffle long mais – nécessairement, de fait – presque asphyxié d'une seule et même phrase puisqu'il s'agit ici-même de la contrainte qui nous intéresse, de dire l'indicible, c'est-à-dire de narrer autant que faire se peut l'inénarrable en dépeignant de la meilleure manière possible – tenez-vous bien – l'anecdote cocasse voire croquignolesque que je vécus tout dernièrement entre au départ un omnibus de la ligne quatre-vingt-quatre et au tomber du rideau la cour de Rome, qui s'étale au pied de la gare Saint-Lazare dans le huitième arrondissement de Paris si mes souvenirs sont exacts mais à tant avoir rabâché cette histoire croustillante à chaque connaissance que je croisai, je n'ai que peu voire pas de doutes sur leur exactitude, alors serais-je obligé d'insister sur la longueur du cou et sur le ridicule du couvre-chef à cordon de ce jeune homme qui déclencha un esclandre à bord dudit bus en prétendant que son voisin se montrait trop amical – davantage en tout cas qu'il ne l'aurait souhaité – envers ses orteils à chaque arrêt du car ; vous ne pourriez ainsi en ce qui vous concerne que mieux comprendre quelle fut ma stupeur lorsque je revis ledit jeune homme deux heures ou presque plus tard en pleine conversation avec un proche qui lui, de son côté, se permettait de lui conseiller – à tort ou à raison, ce n'est ni à moi ni à vous d'en juger après tout – de faire rajuster son pardessus en y ajoutant un bouton assorti si possible au niveau de l'encolure.

Si le terme prêtant à sourire de « plagiaire par anticipation » est cher aux oulipiens, j'ai, pour ma part, manqué de peu de me poser ici en plagiaire par ignorance. En plagiaire, quoi. En effet, je n'ai découvert qu'à la toute fin de la rédaction de ce présent ouvrage que la version « rébus » avait déjà été explorée par Jacques Carelman. Le *Larousse de l'Oulipo* nous précise que c'est parmi « *45 exercices de style parallèles* » que Carelman réalisa, à l'encre de Chine et pour illustrer à l'origine la version de Queneau publiée en 1963, un rébus narrant cette histoire. Son talent et son esprit affûté font que son rébus, assez retors, n'utilise qu'assez peu de dessins.

J'ai choisi de maintenir ma version qui est quand même relativement éloignée de celle de Carelman puisqu'elle ne joue pas sur les « dingbats » mais traduit littéralement chaque phonème en un dessin.

Dans le car, vers la mi-journée, un homme dans les vingt-six balais houspille les passagers. Il dit que ses orteils sont endoloris. Il a un chapeau orné d'une cordelette et a le cou très étiré. L'homme râle et cale son fessier sur un fauteuil.

Cent vingt minutes plus tard, à la gare, j'ai retrouvé cet homme. Un ami dit qu'il aurait mieux fait de rajouter un bouton à son caban.

Dent l'œuf quart ver la mi jour nez un ohm dent lait vin scie balai houx s'pi yeux lait pas sa G.

Ile dix queue seize or thé yeux son AN do l'eau riz.

Ile A un chapeau or nez dune corps deux lait t'œuf haie ale cou treize haie tiret.

L'ohm rat lait caleçon fée scie haie sur un faux t'œil.

Cent vin mine hutte plus tas rat la g'areuh G re trou V sept ohm.

Un A mi dix kilos ré mi œuf haie deux rat joue thé un bouts thon A son K banc.

Rébus

Tribute to Le journal de M, 1934

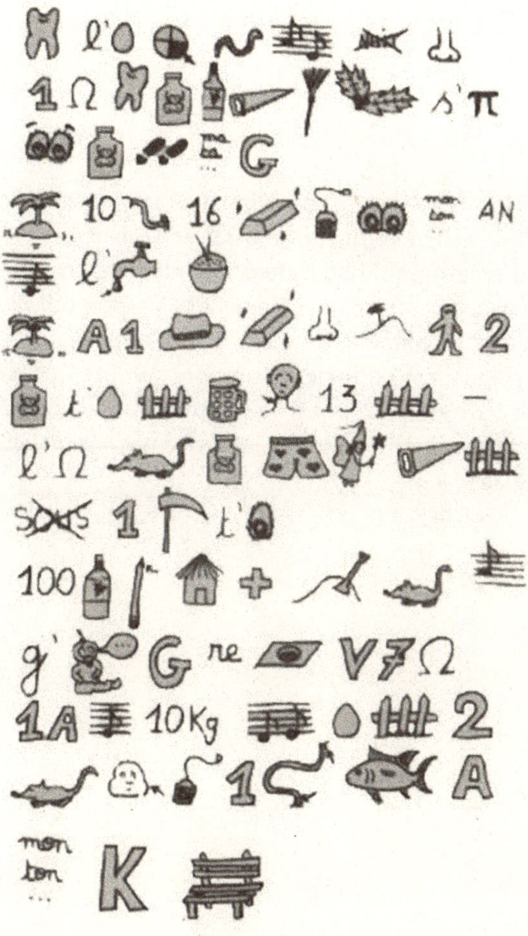

Cette idée m'a été inspirée par Nicolas Graner, éminent membre de la « liste oulipo » (liste de diffusion et d'échanges entre amateurs et amatrices de littérature à contraintes formelles, qui n'est cependant pas liée directement à l'Ouvroir officiel). Imaginé par Jean Fontaine, un panscrabblogramme, comme son nom l'indique, est un texte devant être composé uniquement avec les 102 jetons d'un jeu de scrabble français officiel (100 lettres et 2 jokers). Mes deux jokers sont d'ailleurs ici L et J, mes initiales.

Panscrabblogramme

Tribute to Alfred MB, 1938

« Le bus huit arrive, j'y monte. Que de plèbe ! Képi à cordon, long cou : il me fixe.

Show tardif : Saint-Lazare, un ami (Glen) rajuste sa veste. »

Cette version pourrait également être qualifiée de double acrotéleuton, ce mot désignant un poème présentant à la fois un acrostiche (déjà défini) et un téléstiche (quand ce sont les dernières lettres des vers qui forment un message). Outre ce premier acrotéleuton, il y a un téléstiche de fin de premier hémistiche et un mésostiche (acrostiche au début du second hémistiche), d'où le double acrotéleuton. Pour plus de piment on peut s'imposer de conserver le même mot ou message en début et fin de vers. Vous aurez aisément déchiffré le message « *exercice / de styles / ou de swag / exercice* ».

Tétracrostiche

Tribute to Raymond Q, 1947

Est-il vrai qu'il vous sie**D**,
Xénophobe notoir**E**,
En ce plein autobu**S**,
Rangez votre suroî**T**.
Ce prétentieux dand**Y**
Il rajustait le co**L**,
Céans, devant la gar**E**,
'**E**nlève ces bouton**S**'

Ordurière cigogn**E**,
Ubuesque rogneu**X**,
De paraître offusqu**É**?
Et cessez de peste**R**!
Saute alors sur un ban**C**.
Wagnérien ahur**I**,
À son trench vert et blan**C**.
Grognait sa proche ami**E**.

Défi Maths

Tribute to Gilbert J, 1949

Problème n°1 – L'âge du capitaine

À 12 h 17, William, le capitaine de l'équipe de handball du quartier, monte à bord du bus 84 qui contient 48 passagers. Cet homme est né lors de la dernière année avant 2013 qui s'écrit avec quatre chiffres différents. Il a un cou de 16 cm de long, et se plaint que son voisin lui écrase les pieds (il chausse du 42), puis va s'asseoir sur un siège à 3 mètres de là.

Quel est l'âge du capitaine ?

Problème n°2 – Chapeau l'artiste !

On considère que le chapeau que porte William est un cylindre surmonté d'un disque et monté sur une visière large de 5 cm. La tresse entourant son chapeau mesure 60 cm (dont 9 cm pour le nœud).

Quelle est l'aire de la visière ? (au cm^2 près)

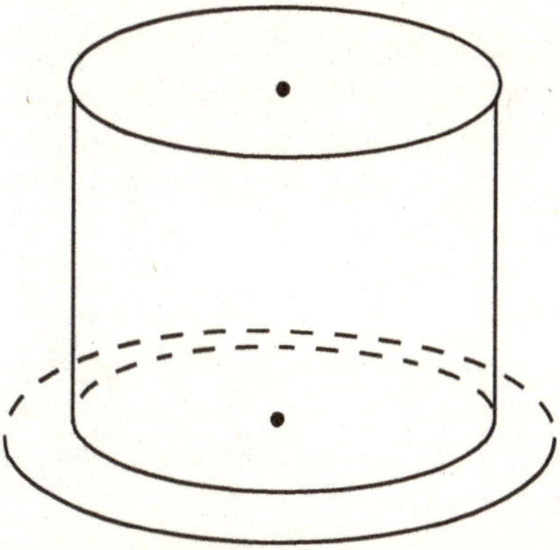

Problème n°3 – Déjà vu

En moyenne, le bus 84 roule à 35 km/h et stationne 20 secondes à chaque arrêt. Le nombre d'arrêts est considéré comme fonction de la distance parcourue par le bus, selon l'équation $f = E(2d/3)$; E représentant la fonction « partie entière », f le nombre d'arrêts et d la distance en km. Devant la gare, j'ai revu William qui discutait alors avec un ami lui disant de faire rajuster son veston après un temps égal à celui que met le bus pour effectuer un trajet de 66 km.

À quelle heure ai-je revu cet homme ?

Inutile de rappeler ici les liens plus que ténus qu'entretiennent les oulipiens avec les mathématiques (et inutile de rappeler également ce qu'est la prétérition). Aussi, dans cette contrainte on s'attachera à intégrer son histoire au sein d'un ou plusieurs problèmes mathématiques.

— La difficulté dans le problème n°1 sera de faire le tri entre les informations pertinentes et celles qui sont superflues. Par élimination, la dernière année (avant 2013) remplissant ces critères est 1987, l'âge du capitaine est donné par la soustraction 2021 - 1987 = 34

Le capitaine a 34 ans.

— Pour avoir l'aire A de la visière, il faut calculer l'aire A_1 de celle-ci comme si elle était « pleine », et y ôter l'aire A_2 du « trou » pour la tête, c'est-à-dire l'aire du disque supérieur : $A = A_1 - A_2$

De la circonférence du disque supérieur (60 - 9 = 51 cm, la longueur du ruban sans le nœud), on obtient le rayon *r* de ce disque : $2\pi r = 51$ qui nous donne $r = 51/2\pi$ soit $r \approx 8{,}1$ cm d'où on déduit $A_2 = \pi r^2 \approx 207$ cm².

Comme $A_1 = \pi(r+5)^2$ car le nouveau rayon mesure 5 cm de plus, dus aux 5 cm de la largeur de la visière, on obtient $A_1 \approx 539{,}1$ cm² pour enfin déduire :

$A = A_1 - A_2 = 539{,}1 - 207$, soit $A \approx 332{,}1$

L'aire de la visière est d'environ 332 cm².

— Dans ce troisième problème, il s'agira de calculer la durée totale *t* du trajet de ce bus, en calculant d'abord la durée t_1 du trajet en lui-même et en n'omettant pas de compter la durée t_2 des arrêts. D'où $t = t_1 + t_2$. De sa vitesse (35 km/h), on déduit aisément la durée du trajet t_1 (sans les arrêts) par une

« règle de 3 » : si le bus met 3 600 secondes (1 h) pour effectuer 35 km, on obtient : t_1 = (66 x 3 600) / 35 ≈ 6 78 9 secondes. Il faut y ajouter t_2 qui va nous être donné en deux temps. Il faut d'abord calculer le nombre *f* d'arrêts : f = 2/3 d avec d = 66 c'est-à-dire f = 44. Le bus effectue 44 arrêts sur ce trajet, et comme chacun dure 20 secondes, on obtient à présent t_2 = 44 x 20 = 880 secondes.

D'où le calcul final : t = t_1 + t_2 = 6 789 + 880 = 7 669 secondes. On pouvait soit dit en passant mettre tout le problème en équation en résolvant donc l'égalité suivante (avec t en secondes) :

T = (66 x 3 600 / 35) + (2 / 3 x 66 x 20) ≈ 7 669

Converties en heures et minutes, il faut donc ajouter 2 heures et presque 8 minutes à l'heure de départ (12 h 17) pour obtenir la réponse au problème : j'ai revu cet homme vers 14 h 25.

Avec ses nombreuses allitérations, assonances, litotes et autres figures de style, Brassens est un inconditionnel amoureux des mots. Sa langue est vivante, truculente, crue même parfois, mais toujours empreinte d'humour, de poésie et de tendresse. C'est sur le modèle de sa chanson *Le Gorille* (1952, *La Mauvaise Réputation*), dans laquelle il montre son opposition à la peine de mort sous couvert d'un humour potache, que cette version a été écrite.

Gare à la girafe

Tribute to Georges B, 1952

C'est à bord d'un d'ces autobus,
Qui dans Paris parcourent les rues
Que j'ai vu ce drôl' de gugusse
Affublé d'un vieux pardessus.
Tout à coup cet olibrius
Au gosier plus que conséquent
S'ébranle et agit' son gibus
Sous le nez d'une pauvre gens.
Aussi fétide qu'un bombus,
Du discours de ce freluquet
On en a jusqu'à rasibus :
Qu'on lui rabatte son caquet !
Il parierait tout son quibus
Jurant qu'on lui broie les arpions
À chaque fois que dans le bus
Arrive un nouveau vagabond.
Lors au lieu d'enrager en sus
Il finit par ne plus piper
Et dans le car fit consensus
Lorsqu'il s'assit pour se calmer.

J'entendais sonner l'angélus
Quand je revis un peu plus tard
L'azimuté diplodocus
Qui pérorait devant la gare.
En affichant un grand rictus,
Un ami montrait ses boutons :
« *Tu devrais en mettre un de plus…* »
Il s'agissait de son veston !

Le principe est que « *les initiales des mots successifs suivent l'ordre alphabétique* ». On s'autorisera humblement quelques libertés syntaxiques et grammaticales ainsi que quelques néologismes afin que la contrainte soit parfaitement respectée. À noter que c'est, originellement, « à cause » de cette contrainte que ce célèbre passager se prénomme William dans la plupart des versions de cet ouvrage.

Voir : 52. Alphabétique p. 159

Abécédaire

Tribute to ASCII, 1961

À Bellechasse, ce dimanche en fait, guère hasardeusement, il jeta KO le manifestement néophyte « omnibussien », prétendant que régulièrement ses tatanes ulcéraient volontairement « William » (xénophobe yankee zélé).

Après, baladant ci-devant (en face : « Gare »), hasard inouï : je klaxonne ledit malandrin nouvellement ; offrant publiquement quelques recommandations, son tabellion (un voisin wallon xénophile) y zinzinulait.

N'en déplaise à l'Académie française ainsi qu'aux tribunes linguistiques d'un célèbre quotidien, le français ne se cantonne pas aux frontières de l'Hexagone. Pas plus qu'il n'est menacé ou en danger : la francophonie se porte bien, pouvant d'ailleurs se targuer d'un nombre croissant de locuteurs, merci pour elle. Aussi ne faut-il pas négliger les nombreuses variétés du français, telles que le français du Québec.

Cette version, clin d'œil à nos cousins outre-Atlantique, est une façon de rappeler le point central de tout cet ouvrage : il n'existe pas UNE langue française seule et unique, mais une multitude de variétés qui en font sa richesse.

Québécois

Tribute to Céline D, 1968

Tu sais-tu pas la câlisse d'histoire qui m'est tombée dessus ce tantôt ? Chu parti à matin en p'tit char pour aller magasiner dans le bourg, pis ce maudit char était crissement crowdy, tu vois-tu ? Et icitte, un baveux de Jos Bleau qui faisait ben capoter tout le monde se met en criss et commence à bardasser joyeusement. Y était complètement fucké dans sa tête, le chum, j'en avais mon câlisse de voyage ! Il se plaint qu'on y effoire les gougounes et qu'on y fait des jambettes pis fait que l'astineur à niaiser tout le monde du haut de son cou qu'était crissement long, tabernacle ! Pis je le vois pas qu'y se tire une bûche ?... L'était sacrement pas ben achalé.

Je devais prendre le gros char pour aller voir mon crush et sur qui que je tombe, calvaire d'hostie ?! Sur le maudit niaiseux que j'avais vu tantôt ! Y était avec sa gang de chums et y en a un qu'a eu le guts d'y dire que sa froque toute croche était crissement kétaine asteur. Faisait une câlisse de baboune, le Jos Bleau !

Le monovocalisme n'autorise à utiliser qu'une seule voyelle, c'est donc un lipogramme en toutes les voyelles sauf une. Ici, le poly-monovocalisme peut être considéré comme une variante du lipogramme vocalique progressif inventé par Italo Calvino. Il s'agit pour cette contrainte d'écrire un texte de façon à ce que chaque phrase présente un monovocalisme différent selon l'ordre alphabétique des voyelles a, e, i, o et enfin u. Si le texte comporte plus de 5 phrases, on recommence à partir du a, et ainsi de suite.

Voir : 17. Ventriloque p. 65 - *19. Beau présent p.* 69 - *35. Anagrammes p.* 111 - *70. Taulard p.* 215

Monovocalismes

Tribute to Georges P, 1972

Là, à l'avant dans l'accablant car S à ras, alla l'agaçant gars alarmant : bada bancal flagrant à hart pas banal, caban à rabats francs pas blancs. En cette benne les gens se pressent, se renversent, s'énervent et le mec peste ; le prétexte : des semelles rebelles semblent léser, en de brefs gestes éphémères et délétères, les ceps de ce même zèbre. Midi vingt vint ; il rit, vil zig incivil, mit l'infini simili bibi gris distinctif. Prompt, mon fol ostrogoth grognon, col oblong trop long, mord fort. Mû d'un surplus du bus, l'urubu plus dur qu'un Hun chut sur un cul.

Cas pas banal : tard, dans l'hall à St. Laz', l'agaçant gars d'avant (*flash-back* : lançant la cata dans l'accablant car) passa, hagard, bras pas vacant. En effet, le frère de ce mec énervé se gèle près de ce zèbre, extrêmement excédé et fermé, le serre de près et le descend en flèche. Il dit d'instinct, incisif :

– *Oh mon coco, clos ton V trop long, ton col sort trop !*

– *Zut, tu fus dur !*

DJ Kool Herc, de son vrai nom Clive Campbell, est considéré par beaucoup comme le père du hip-hop. Il l'aurait fait naître dans le Bronx un soir d'août 1973 lors de la « Back to School Jam » qu'il organisait avec sa sœur dans leur propre appartement. Il avait alors 18 ans et, en isolant la partie instrumentale d'un morceau de funk tout en y amplifiant le son de la batterie, grâce à une seconde platine jouant le même morceau, il parvint à créer ainsi des rythmes plus longs qui devinrent les premiers beats de hip-hop.

Dès lors, les rappeurs qui connaîtront le succès sont ceux qui savent dans leurs textes privilégier le fond autant que la forme. Puisque la finalité du rap est nécessairement l'oralisation de celui-ci, son écriture va répondre à des contraintes bien spécifiques. Celles-ci sont tournées vers la musicalité, la sonorité, la cadence des mots à l'intérieur de chaque vers. En dépassant ainsi la simple rime finale, fût-elle riche, et l'homéotéleute. Allitérations, assonances, rimes multisyllabiques (réseau d'assonances) sont donc autant de figures de style que tout MC doit avoir dans son arsenal.

À l'initiative de Big Daddy SlyM, le projet « Quatre-vingt-dix-neuf » a vu le jour en 2015. Il y invite 99 artistes à rapper les *Exercices de style* de Queneau en les réinterprétant chacun à sa sauce. À ce jour, 22 versions sont disponibles sur www.doubleneuf.fr.

Rap US

Tribute to Kool H, 1973

On da road in da bus to da parties
Wontcha roar kinda boozed into Paris
Ninety-nine visions of a 'hit and run'
Ninety-nine problems but a bitch ain't one

Too much noise in da bus
All my boys behind us
Look that guy and his neck
Am I high? Gotta check
What he's doin'? Wanna fight?
Feet are crushin' am I right?
Shut it up sit your ass
Chill it out smoke my grass
Nigga think your cap makes you lookin' sexy?
Nothin' but my rap gets your bitches sticky

On da road in da bus to da parties
Wontcha roar kinda boozed into Paris
Ninety-nine visions of a 'hit and run'
Ninety-nine problems but your hat ain't one

Later on, train station
Led to run brain stays on
Strange vision: same version
Lame virgin friend's vengeance

Trends sentence: trench, Stetson
Clench button French bottom
Nigga think your coat makes you lookin' hottie?
Nothin' but my swag gets your bitches naughty

On da road in da bus to da parties
Wontcha roar kinda boozed into Paris
Ninety-nine visions of a 'hit and run'
Ninety-nine poems but a glitch ain't one

Le lipogramme, ou l'art d'écrire un texte en le privant volontairement d'une ou plusieurs lettres, est une contrainte littéraire dont les oulipiens usent et abusent à loisir. Impossible ici de ne pas citer *La Disparition* de Georges Perec, roman lipogramme intégralement écrit sans utiliser la lettre « E », pourtant la plus fréquente dans la langue française. (*Un truc inouï, fou, ahurissant !*) Les oulipiens ont imaginé de nombreuses variantes du lipogramme, dont celle qui nous intéresse ici. Il s'agit plus précisément d'un lipophonème (en B, F, M, P et V) plus que d'un lipogramme, car ce ne sont pas les lettres elles-mêmes qui sont proscrites mais les sons qui leur sont associés. Ainsi, ces lettres sont autorisées si elles sont muettes. (On ne vous « *condamnera* » pas « *trop* » pour ces deux mots, par exemple.) Pourquoi ces cinq sons particulièrement ? Car ce sont des consonnes labiales ou dento-labiales qui nécessitent un mouvement des lèvres pour être prononcées. Ainsi, en s'en privant, on permet au lecteur de pouvoir déclamer un texte sans avoir à remuer les lèvres : l'idéal pour tout ventriloque.

Grâce aux sages indications d'un « oulipote » éminent membre de la « liste oulipo », Gilles Esposito-Farèse, j'ai appris qu'une telle contrainte existait depuis fort longtemps. En effet, il semblerait que dès le VIIe siècle le poète sanskrit Daṇḍin ait composé un chapitre entier de cette manière, la raison étant qu'un de ses personnages avait les lèvres enflammées après avoir déclamé trop de poèmes d'amour. Depuis, c'est également une des traditions de la littérature ottomane et il paraîtrait que les Turcs improvisent encore aujourd'hui, à l'occasion, des vers relevant de cette contrainte. Raison pour laquelle l'OuLiPo rebaptisa celle-ci les « vers turcs ».

Ventriloque

Tribute to Tatayet, 1975

Le soleil était à son zénith lorsque je décidai de sauter en route dans l'autocar de la ligne S qui surgit soudain non loin de là. Cet autocar était surchargé, trop sans doute, et l'oxygène y était d'ailleurs assez rare. Cela ne nécessite en général guère d'autre gêne que celle-ci jusqu'à ce que quelqu'un s'irrite et sorte de ses gonds. Et là, donc, un jeune gars au long cou qui aurait, disons, dans les trente ans, ayant autour de son galurin ridicule une cordelette tressée au lieu du catogan qu'il y a d'ordinaire, s'écria contre un quelconque touriste dressé à côté de lui. Il l'accusait – sans doute à tort – de lui écraser ses chaussures à chaque secousse, dès que l'autocar s'engageait sur la route suite à un court arrêt. Il s'excita longtemps et, en dernier lieu, il s'assit dès qu'un siège jadis alloué se dégagea.

Contre toute attente – disons que quasi deux heures s'étaient alors écoulées – tandis que j'attendais un collègue sur la cour qui s'étale au seuil de la gare Saint-Lazare, qui y ai-je encore distingué ? Oui, le gars au long cou qui s'agitait naguère dans le car. Tout juste, sacrée coïncidence, hein ! Une de ses connaissances lui conseillait d'ailleurs d'ajouter une attache en haut du col de son trench-coat.

Apparue en 1975, la norme internationale ISO 690 est celle qui pose les principes à respecter pour rédiger une référence bibliographique. Sa troisième et plus récente révision date de 2010.

Bibliographie

Tribute to ISO 690, 1975

CROTEAU, M. D., CASSON, S., (2003). ***L'autobus colère***. Montréal : La courte échelle. 32 p.

GRASSET, L., (2015). ***Le Coup de la girafe. Des savants dans la savane***. Paris : Seuil. 160 p.

LOUYOT, M., (2010). ***Mémoires d'un chapeau***. Paris : Publibook. 244 p.

HARGREAVES, R., (2005). ***Madame Casse-Pieds***. Paris : Hachette. 30 p.

ROMMELUERE, E., (2015). ***S'asseoir tout simplement : L'art de la méditation zen***. Paris : Seuil. 158 p.

LANOUX, V., (2014). ***Deux Heures à tuer au bord de la piscine***. Paris : Le Cherche Midi. 172 p.

UHLMAN, F., (1978). ***L'Ami retrouvé***. Paris : Gallimard. 115 p.

DESCARTES, R., (1637). ***Discours de la méthode***. Leyde : Imprimerie Ian Maire. 491 p.

PERGAUD, L., (1912). ***La Guerre des boutons***. Paris : Mercure de France. 366 p.

Un « beau présent » est, selon l'OuLiPo, un texte qui ne sera écrit qu'en utilisant les lettres contenues dans le nom de son destinataire. Ici, seules les lettres A, D, E, M, N, O, Q, R, U et Y (constitutives du nom de Raymond Queneau) sont donc utilisées. On peut également considérer qu'il s'agit d'un lipogramme en toutes les autres lettres.

Beau présent

Tribute to Raymond Q, 1976

RAYMONDQUE

Une remorque me ramène à ma demeure. Dame ! Que de monde ! Un eunuque, en queue-de-morue, demande à un quadra : « *Ay ! On mord mon… Non, qu'on me rende ma…* » (Quand on a une nuque que *nemo numquam* ne manquera de remarquer, on demande *nada* !) Mon eunuque maronne, manque d'emmerder mon monde quand on remarque, ému, qu'un ordre rare y rayonne.

Quand ? Une, ou même deu… On re-remarque mon eunuque, en doudoune ! Une âme amène moque mon maquereau au moyen d'une remarque : « Merde ! Manque un… non ? »

Comme pour tout métier, chaque sport possède son propre « sociolecte » : un jargon, un argot spécifique employé par l'ensemble de ses pratiquants. Le skateboard, désormais discipline olympique, n'y déroge évidemment pas et son lexique est quasi exclusivement empreint d'anglicismes. L'analyse du sociolecte des skateurs n'est d'ailleurs pas dénuée d'intérêt, aussi y ai-je consacré quelques lignes dans mon ouvrage *L'unilinguisme français et les dictionnaires – Le traitement lexicographique des anglicismes* (L'Harmattan, 2020) :

> Le skateboard est né, comme les diverses branches du hip-hop (le rap, le graffiti, le breakdance) dans une volonté de se réapproprier un environnement dont les acteurs avaient été dépossédés : la rue devenait alors un espace dans lequel on pouvait danser, chanter, peindre, faire du sport, créer... S'exprimer, en somme. Or, au contraire de lutter contre la suprématie écrasante des termes anglo-saxons dans ces domaines, les skateurs n'y ont pas vu une menace et revendiquent même, en France comme partout dans le monde, l'utilisation de ces anglicismes. La langue, les mots, n'y sont pas perçus comme un instrument politique de domination mais bien comme un outil rassembleur, un vecteur universel permettant la communication et le partage dont les locuteurs se sont emparés et qu'ils se sont appropriés.

Sk8er

Tribute to Alan G, 1977

J'avais pris le bus parce que j'avais la flemme de pousser jusqu'au rail du parc Monceau. Je voulais m'y entraîner au *front board*, le *spot* est parfait pour ça, j'étais sûr de le plaquer 8 vis cette fois-ci. Bref, j'ai vu monter dans le bus une espèce de hipster ridicule se la jouant jet-skate avec son *cruiser* fluo et sa *5-panel* qu'il avait mise savamment de travers, et autour de laquelle il avait noué un lacet. Il a commencé à la ramener et se plaignait que son voisin, un pauvre petit vieux agrippé des deux mains au *handrail* tellement le bus secouait, lui aurait sali ses *skate shoes* toutes neuves, les dernières Janoski. Tu vois, c'est typiquement le genre de poseur qui a eu les D3 et qui *pushait mongo* sur sa Blind flambant neuve quand c'était à la mode… Il aurait mérité que le vieux lui *focus* sa *deck* plutôt que ses pieds ! Finalement, il a arrêté sa pseudo *skate rage* puis est allé s'asseoir en rajustant sa casquette.

Trop de monde à Bastille à cause des touristes, alors en début d'après-midi, on décide de changer de *spot* et d'aller *skater* le *flat* de Saint-Lazare. Et là, en face des *piss drunks* habituels du *crew* local qui se balarguaient à Mach 3 en *switch tré* sur le *street gap* d'à côté, qui je revois en train de leur gratter l'amitié ? Le hipster du bus ! Je l'aurais reconnu entre mille avec son cou long comme le rail d'El Toro ! Comme j'aurais pu m'y attendre, il était plus occupé à *grinder* les *curbs* avec son cul qu'avec ses *trucks* ! Alors que je *waxais* mon *ledge* pour éviter le *hang-up* et rentrer enfin mon *trick* de fin de *line*, j'aperçois un des locaux qui lui fait une réflexion à propos de sa chemise de bûcheron. C'est sûr qu'on a davantage de risques de se faire vanner quand on passe plus de temps à *chiller* qu'à *shredder*…

Le « langage leet », « 1337 » ou « 1337 5|*34|< » (*leet speak*, c'est-à-dire le langage d'élite) est une langue inventée par et pour les *geeks*. Chaque lettre est remplacée par un caractère alphanumérique (de la norme ASCII, pour ceux qui voudraient savoir), afin de rendre sa lecture difficile pour les profanes. Par exemple, le 1 remplace le L, le 3 remplace le E et ainsi de suite pour toutes les lettres de l'*41|*|-|4837*. Souvenez-vous de la fierté que vous éprouviez, sur les bancs de l'école, en écrivant « SOLEIL » sur votre calculatrice : vous faisiez du 1337 sans le savoir. Des Jourdains du leet !

Vous aurez sûrement remarqué que lorsqu'une publicité expose une montre ou une horloge, l'heure y est souvent figée sur 10 heures 10. La raison ? Les aiguilles présentent une certaine symétrie, agréable au regard. Pour le lancement de sa *Freebox Revolution* en 2010, la marque *Free* s'est montrée un peu plus facétieuse dans ses spots télévisés. En effet, clin d'œil à la culture *geek*, le boîtier de la box affiche 13 : 37 sur son écran.

La scène se passe dans un car parisien, le S. Un gars, dans les vingt-six ans, long cou et galurin à cordon, râle contre son voisin. Ce dernier lui aurait, paraît-il, écrasé les pieds à plusieurs reprises, toutes les fois où de nouvelles personnes montaient à bord du car. Finalement, le mec au long cou est allé s'asseoir sur une place enfin libre.

Près de deux heures plus tard, devant la gare Saint-Lazare, j'ai revu ce même mec, en pleine conversation avec un de ses amis. Ce dernier lui conseillait de faire rajuster le bouton supérieur de son pardessus.

1337 5|*34|<

Tribute to les B-52's, 1979

14 5(3/\/3 53 |*4553])4/\/5 |_|/\/ (42 |*42!5!3/\/, 13 5. |_|/\/ 6425, |)4/\/5 135 \/!/\/67-5!>< 4/\/5, 10/\/6 (0|_| 37 641|_||2!/\/ 4 (02])0/\/, |2413 (0/\/723 50/\/ \/0!5!/\/. (3])32/\/!32 1|_|! 4|_||24!7, |*424!7-!1, 3(|2453 135 |*!3])5 4 |*1|_|5!3|_||25 |23|*|2!535, 70|_|735 135 |=0 !5 0|_|])3 /\/0|_|\/31135 |*3250/\//\/35 ^^0/\/74!3/\/7 4 802])])|_| (42. |=!/\/413^^3/\/7, 13 ^^3(4|_| 10/\/6 (0|_| 357 4113 5'45530!|2 5|_||2 |_|/\/3 |*14(3])3\/3/\/|_|3 1!823.

|*|235])3])3|_|>< #3|_||235 |*1|_|5 742]),])3\/4/\/7 14 6423 54!/\/7-142423, _|'4! |23\/|_| (3 ^^3^^3 ^^3(, 3/\/ |*13!/\/3 (0/\/\/32547!0/\/ 4\/3(|_|/\/])3 535 4^^!5. (3])32/\/!32 1|_|! (0/\/53!114!7])3 |=4!|23 |24_||_|5732 13 80|_|70/\/ 5|_||*32!3|_||2])3 50/\/ |*42])355|_|5.

Certes, Renaud a une voix reconnaissable et sa propre prosodie, mais il est tout aussi vrai que sa langue, son français à lui n'est à nul autre pareil. Considérer de manière un peu simpliste que « c'est de l'argot » impliquerait qu'il n'existe qu'un seul argot. Or, peut-on affirmer que celui de Renaud est le même que celui de Brassens, des Tontons flingueurs ou de Pierre Perret ? C'est indéniable : Renaud parle le renaud.

Cette version est calquée sur la chanson *Dans mon HLM* (sur l'album *Marche à l'ombre*, 1980) dans laquelle Renaud dépeint avec cynisme la société d'alors.

Dans mon autocar

Tribute to Renaud, 1980

Dans l'huitième, dans mon autocar,

Y a un drôl' de barjot, qui s'prend pour un loubard.

Avec son galurin, son cordon mal tressé,

Y veut fair' le malin, mais toujours en loucedé.

Y s'plaint que dans ses grolles, c'est des panards laqués,

Faut dir' qu'y a un drôle qui fait que l'bousculer.

Avec un cou si long qu'une journée sans pinard

Y m'les bris' pour de bon, c'est dir' s'il est tricard…

Putain c'qu'il est fendard, mon autocar,
Le barjot du huitième, en v'là un aut' tocard !

Dans l'huitième, de mon autocar,

J'vois traîner dans la rue, tout' un' chiée de zonards.

Y a des tox baba cools, qui tap' sur des cass'roles

Pour vous taxer du flouze, mais z'ont rar'ment du bol.

Y a des vieux punks à chiens : rangers et gros cam'tar

Qui s'tatouent au surin, du côté d'Saint-Lazare.

J'revois mêm' mon barjot sapé com' l'as de pique

Tell'ment qu'son pot' le taille, c'est vous dir' s'il est chic !

Putain c'qu'il est fendard, mon autocar,
Le barjot du huitième, en v'là un aut' tocard !

Sommes-nous réellement envahis par les anglicismes, comme le craignent et le clament certains puristes de la langue française ? Notre idiome serait-il menacé et en « voix » d'extinction, attaqué qu'il est de tous côtés par autant de barbarismes que sont les emprunts, les SMS, les jeunes, internet ou encore les réseaux sociaux (mais surtout les anglicismes) ? C'est peu ou prou le sujet de ma thèse en sciences du langage ainsi que l'objet de mon ouvrage cité plus haut.

Il s'avère que l'usage des anglicismes dans certaines sphères (affaires, publicité et marketing, management et aujourd'hui politique) est en effet aujourd'hui davantage visible. Disons qu'on lui accorde plus d'audience. Mais ne nous leurrons pas : ces usages « de niche » répondent à une mode, par définition destinée à être éphémère. Ce n'est ainsi pas pour autant que le français est menacé. Le taux d'anglicismes parmi les nouvelles entrées des dictionnaires est d'ailleurs relativement stable sur les deux dernières décennies, même s'il montre une légère augmentation. Aussi, comment ne pas sourire devant cette mode du « smoothie » ou du « *juicing* », quand les marques qui défendent ces tendances prétendent avoir inventé... le jus de fruit ? Comment ne pas tourner en ridicule le « *souping* », le « locavorisme » ou le récent mouvement « flexitarien » (trois anglicismes dont les deux derniers viennent d'entrer dans les dictionnaires) ? S'il s'agit de boire de la soupe, de manger local et de réduire sa consommation de viande, mes grands-parents étaient donc, près de cent ans plus tôt, de sacrés précurseurs !

Mec dans la com'

Tribute to Gérald J, 1983-2019

Inutile d'espérer *increase* la valeur perçue de l'expérience *in-store* en faisant dans le *flash showrooming* à bord d'un autocar parisien… Certes, on évite les zones froides et on crée du trafic en boutique puisque le *drive-to-store* est assuré, mais quel trafic ! L'aire de marché est beaucoup trop restreinte, et les modèles ne sont absolument pas mis en valeur ! De fait, on proposera de *retargeter* notre cœur de cible selon un sociostyle différent, car le profil de *smartshopper* que nous visions est dangereusement sous-représenté. Si l'on veut s'inscrire en *first mover*, il faudra tendre le cou et l'oreille pour être attentif afin de faire du *data catching* sans pour autant empiéter sur la sphère de liberté du *customer*. Quitte à nous asseoir sur nos préjugés en vue de repenser notre *purchase funnel* et notre position sur le marché.

Un flashmob sur le parvis d'une gare ? Notre responsable *user experience* nous certifie que c'est *so* 2010, en outre cela ne correspond ni à l'image de marque que nous souhaitons véhiculer ni au *brand content* que l'on s'efforce d'incrémenter chez l'*user*. Afin de *driver* du business, on optera plutôt pour un solide storytelling et pour un *street marketing* pas trop agressif pour entretenir le *customer relationship management*, en allant de nouveau à l'encontre de notre clientèle secondaire. Sur les conseils de notre équipe de *cloud marketers*, on pourrait *in fine* imaginer un *upselling* du *dress code corporate* afin d'*upgrader* notre *brand image*.

« C'est l'histoire d'un mec... » : avouez-le, ces seuls mots suffisent à planter le décor. Rares sont finalement les artistes reconnaissables en une expression. Et on est ici, à mon sens, au-delà du simple « gimmick » propre par exemple à certains présentateurs télé. Ces mots-ci sont une promesse. Celle d'entrer immédiatement dans l'univers de Coluche, dans sa langue française à lui. Celle de rire, souvent de nous-mêmes.

En 1974, son premier sketch en solo *C'est l'histoire d'un mec* ironise sur les difficultés de raconter une histoire. (Quitte à s'y reprendre... 99 fois ?)

C'est l'histoire d'un mec

Tribute to Michel C, 1986

C'est l'histoire d'un mec… non mais… non c'est parce qu'une fois j'avais dit « *Oui, heu… des fois, heu… y a des histoires elles sont plus drôles quand le mec il est noir, heu… Ou des fois quand il est juif, heu…* ». Alors je vous dis même pas s'il est noir, ET juif. Si en plus il est blonde, t'as même pas besoin de la raconter ton histoire, t'as déjà tout le monde qui se fend la poire ! M'enfin là, non, le mec il est… normal ouais, c'est ça. Enfin, normal… Disons que quand il veut s'acheter un col roulé on lui fait payer un supplément, au mec. Ah il est pas moche-moche, hein, mais il a pas non plus les traits très très réguliers, quoi. C'est ça, le genre patibulaire, mais presque. Et alors il décide de prendre le bus. Moi, à la limite, des autobus, je m'en moque un peu du tiers comme du car, voyez-vous… Mais pas lui, le mec. – Vous allez voir après… – Alors il monte, tout ça, il se fait bousculer, tout ça… Je vois qu'il commence à avoir les abeilles, le mec. Alors qu'il est tellement moche qu'il pourrait faire un procès à ses parents, il ose se plaindre le malotru ! « *Ah nom de Dieu ! C'est que s'il pouvait, il me piétinerait même mes chaussettes, l'animal ! J'vais être obligé d'y donner sur l'museau s'il continue !* » Non parce qu'il est un peu nerveux, le mec, voyez-vous. Alors Môssieur se plaint de se faire savonner les arpions, Môssieur opine du couvre-chef, et Môssieur finit par aller s'asseoir. Mais attendez ! Non c'est qu'elle est pas finie, mon histoire.

Deux heures après, devant la gare, qui c'est que je vois en train de se faire tailler un costard par un ami ? (Non non, le gars le critiquait pas, il lui taillait réellement un costard : il prenait des mesures, tout ça, il rajustait son col… C'était un peu son bras droit de chemise, si vous voulez…) Et qui c'est que je vois devant la gare ? C'est ça, le mec du bus, y en a deux qui suivent ! M'enfin elle était facile, celle-là. Alors il continuait à se plaindre auprès de son ami, le mec. « *Ah nom de dieu ! C'est que je me suis fait sacrément bousculer dans le bus ce midi ! Ils m'ont abîmé mes nouveaux souliers, ces malappris ! Alors j'ai l'habitude de me faire secouer dans les transports en commun, mais le problème là… c'est que c'était moi le chauffeur !* »

Bas perpignanais

Tribute to mon pays, 1987

Oï fraï, il m'est arrivé un truc de boig l'autre jour ! J'avais pris le bus parce que j'avais la cagne de descendre à pied en ville, matchou, y avait un monde de narvalo ! On aurait dit que tothom s'était donné rendez-vous dans mon bus, oï, on était quitchés de trop ! Et là, y a un paillou qui commence à s'enfader contre un type ! Au début, il se met à roumé-guer mais moi je captais presque tchi, je crois qu'il disait que l'autre lui esquintait ses vigatanes. Alors qu'il avait rien fait, pobret ! Oï, il faisait trop de causes cette piche, avec sa barretina foulère ! En plus il avait un taï de cou, home ! Il faisait l'asdé mais il foutait trop galal, tu te serais espanté ! Je me disais « qué fas ? », ils vont s'engancher, ça va partir en ollada ou quoi ? Mais rien du tout, il s'est cagué cet axurit, et il est allé s'asseoir !

Deux heures après, je devais encontrer un collègue devant le Centre del Món, et qui je vois ?! Le paillou avec sa bar-ratine ! Pour moi, c'était foï, j'étais bien fart et presque pilo t'as vu parce que j'avais pris un taï d'apéro, alors je me suis mis à rigoler comme un burro quand j'ai vu un collègue à lui qui s'est foutu de sa veste rhignée ! C'était false !

Le bas perpignanais est une langue vernaculaire qui pourrait de fait être considérée à la fois comme un topolecte et un sociolecte. Son aire d'influence propre s'étend sur tout le département des Pyrénées-Orientales (avec une forte présence dans les villages de la ceinture périphérique de Perpignan) mais ne dépassera en aucun cas les frontières de l'Aude ou de l'Ariège (jamais chez les *gavatx !*). Grâce à l'expatriation de certains de ses locuteurs maternels (l'essentiel de ceux-ci ont entre 15 et 35 ans) vers les villes de Montpellier ou Toulouse (voire Marseille), le bas perpignanais arrive à exporter, diffuser et faire adopter régulièrement certaines de ses expressions « à l'étranger » et échange fréquemment avec les topolectes et sociolectes de ces autres villes. Outre ces échanges, le bas perpignanais puise essentiellement ses racines dans le catalan, l'occitan, le gitan et le romani, pour des raisons géographiques et sociologiques évidentes. Petit lexique, pour les non-initiés :

Fraï (n. m. et interj.) : Très bon ami. Peut être utilisé comme interjection pour apostropher un proche (*Fraï, remets-moi un coup de muscat !*) ou en tant que substantif à part entière (*Lui, c'est plus que mon collègue : c'est mon fraï.*)

Boig [botsh] (n. m. ou f. et adj.) : Du catalan *boig* (fou). Fou, folle.

Cagne (n. f.) : De l'occitan *canha* (chienne). Grosse flemme. S'emploie dans la locution verbale *avoir la cagne de…* ou *avoir une de ces cagnes.*

Matchou (interj.) : Possiblement une dérivation phonétique de l'expression mon Dieu ou mon *djo* (mon *gadjo*). Interjection qui ponctue le discours pouvant signifier à la fois mon Dieu, mon pauvre ou mon gars. (*Viens faire un tour ici matchou t'es un paillou* - R.Can *in* L'oriental, 2008)

Narvalo (n. m.) : Du romani *narvalo* (fou). Fou.

Tothom [toutom] (pron.) : Du catalan *tothom* (litt. tout homme, c'est-à-dire tout le monde, tous). Tout le monde.

Quitché (adj.) : Bien qu'il ressemble de près au catalan esqueixar (couper, déchirer), il est plus vraisemblable que *quitcher* provienne de l'occitan esquichar (appuyer, comprimer). Ici, l'adjectif *quitché* signifie serré.

De trop (loc. adv.) : Enormément. S'emploie le plus souvent en postposition à un adjectif ou un verbe. *Il m'a enfadé de trop, il était pilo de trop ce paillou !*

Paillou (n. m.) : Du catalan *pallús* (attardé, idiot). Pauvre type, benêt.

Enfader (v.) : Du catalan *enfadar* (fâcher). Énerver, mettre en colère.

Rouméguer (v.) : De l'occitan *romegar* (ronchonner). Pester, râler.

Ne capter tchi (loc. v.) : Ne rien comprendre.

Vigatana [bigatane] (n. f.) : Du catalan *Vigatana* (gentilé féminin de la commune de Vic, dans la province de Barcelone). Espadrille catalane traditionnelle, utilisée aujourd'hui surtout par les danseurs de sardane. *Vigatanes* au pluriel.

Pobret [pouvret'] (n. m. et interj.) : Du catalan *pobre* (pauvre) avec le suffixe diminutif *-et*. Le pauvre. *Oï, pobret il s'est fait mal en s'estrabanquant !*

Causes (n. f. pl.) : *Faire trop de causes* ou *faire cause de*. Jouer les durs ou faire semblant de.

Piche (n. f.) : Du catalan *pixa* (verge). Membre viril et, par extension, pauvre type.

Barretina [baratine] (n. f.) : Du catalan *barretina*. Bonnet en laine tressée de couleur rouge, assez long pour pouvoir le replier sur le devant ou le côté. Coiffe traditionnelle masculine catalane.

Foulère (adj.) : Issu probablement du gitan ou du romani. Ringard, nul, craignos ou ennuyeux.

Taï de (n. m. ou f.) : Probablement du catalan *tall* (une certaine quantité de), ce qui contredirait la prétendue paternité montpelliéraine de cette expression. Exprime la notion de quantité ou de grandeur. *Il est taï de boig, il m'a taï d'enfadé ce paillou !*

Home (interj.) : Du catalan *home* (homme). Mon Dieu, mon gars ou mon pauvre. Ponctue le discours à la manière de *matchou.*

Asdé (n. m. ou f.) : De tout ce pittoresque lexique, je crois que c'est le mot dont l'usage est le plus confidentiel. Ce mot a certes connu son heure de gloire, mais ce fut très bref et surtout exclusivement circonscrit, à ce qu'il semble, à la seule ville de Perpignan. Malgré les recherches, son étymologie demeure d'ailleurs inconnue. Tandis que *faire l'asdé* signifie faire le beau ou le malin, lorsque l'on dit à quelqu'un qu'il *est un asdé,* c'est pour l'assurer de notre admiration : t'es un chef, un champion.

Galal (?) : D'origine incertaine, ce mot s'emploie avec les verbes « foutre » ou « mettre », ou seul en tant qu'interjection. *Foutre galal* signifie originellement mettre la honte, mais l'expression a peu à peu dérivé pour signifier également mettre le bazar. Seul, *galal* s'emploie en tant que « Quelle honte ! »

Espanter (v.) : Du catalan *espantar* (épouvanter, qui d'ailleurs a la même étymologie). Étonner, surprendre, impressionner.

Què fas (loc. v.) : Du catalan *què fas* (que fais-tu ?). Qu'est-ce que tu fais ?!

Engancher (v.) : Du catalan *enganxar* (coller, accrocher). Accrocher, au sens figuré d'attraper par le col, entreprendre violemment. *Qu'il fasse pas le boig sinon je vais l'engancher, ce paillou !*

Ollada [ouillade] (n. f.) : Du catalan *ollada* (soupe traditionnelle catalane à base de légumes et de viande de porc). Bagarre générale.

Se caguer (v.) : Du catalan *cagar* (déféquer). Se faire dessus, au sens propre comme au sens figuré, synonyme d'avoir peur.

Axurit [achourit'] (n. m. ou f. et adj.) : Du catalan roussillonnais *axurit*, lui-même du catalan *eixerit* (vif, éveillé). Dégourdi. Employé le plus souvent à contresens, de façon ironique, pour signifier précisément le contraire.

Oï (interj.) : Oh. Ponctue fréquemment le discours ou peut s'employer pour saluer quelqu'un.

Centre del Mòn (loc. nom.) : Du catalan *centre, del* et *mòn* (centre du monde). Gare de Perpignan qui, comme chacun le sait, est le véritable centre du monde (Dalí, *in : Journal d'un génie*, 1963)

Foï (adj. et adv.) : Probablement du catalan *foll* (fou). Très plaisant, génial, bien.

Fart (n. f. et adj.) : Du catalan *fart* (rassasié). Signifiant repu en tant qu'adjectif, le substantif est synonyme de ventrée. *Comme elles étaient taïs de bonnes, on s'est fait une fart de cerises.*

Pilo (adj.) : Probablement issu d'une racine slave (*пить* [pith] signifie boire en russe), via le romani. Ivre.

Burro [bourou] (n. m.) : Du catalan *burro* (âne autochtone catalan). Bourricot, imbécile.

Rhigné (adj.) : Synonyme de *foulère* ayant un sens un peu plus appuyé : vraiment pourri, nase.

False (adj.) : Du catalan *fals* (faux). Méchant, mais peut également prendre le sens de moche. *C'est false, on s'est moqué de lui mais sa veste, matchou elle était false !*

Gavatx [gabatsh] (n. m. ou f. et adj.) : Du catalan *gavatx* (désignant péjorativement à l'origine un occitan, puis un Français, et finalement tout étranger). Étranger. Concrètement, est considéré *gavatx* tout ce qui est au nord de Salses-le-Château.

Qu'on aime ou qu'on n'aime pas Jean-Pierre Pernaut - là n'est d'ailleurs pas le propos de cette version - il n'en demeure pas moins que JPP incarne un pilier du PAF. Ayant tiré sa révérence en décembre 2020 pour son journal télévisé de 13 heures qu'il animait sur TF1 depuis 1987, il est connu et d'ailleurs souvent critiqué pour une ligne éditoriale et un ton franchouillards par moments un brin conservateurs. Ses fans vont pour leur part apprécier son amour pour la « France d'en bas » et sa capacité à mettre en lumière des Français qui ont finalement peu l'occasion de s'exprimer. C'est cette « patte », cette marque de fabrique qui rend possible le dessin de lignes directrices pour la définition de la contrainte.

13 heures

Tribute to Jean-Pierre P, 1988

Partons à présent au cœur de la capitale où l'on va faire la connaissance de Didier, ce pittoresque titi parisien qui, depuis maintenant trente et un ans, conduit le bus de la ligne 84… Un reportage de Géraldine Létoile et Anne Valentin :

Il est 5 heures, Paris s'éveille. Et… Didier aussi. Didier, 55 ans dont 31 derrière un volant, s'apprête à rejoindre son « bureau », comme il aime à l'appeler.

« – *Allez, on va au "bureau" ! Hé hé ! […] Au début c'était la ligne S qu'on l'appelait. Y en avait pas tant qu'ça à l'époque. Puis c'est devenu la 84, quand les bus ont commencé à vraiment se multiplier dans Paris.*

– *Et vous, vous avez toujours conduit sur cette ligne ?*

– *Ah toujours ! Depuis le premier jour. À force je la connais par cœur, je pourrais presque conduire les yeux fermés ! Mais je n'vais pas m'amuser à ça, hein… Hé hé !* »

Didier est taquin. Malgré les nombreuses années passées à bord de son autobus, il essaie toujours d'avoir un petit mot pour ses passagers.

« – *Bah, ça égaye mes journées, quoi. Faut lutter contre la routine, contre le quotidien. J'essaie de donner le sourire aux gens, mais ça n'est pas toujours facile, vous savez.*

– *En trente et un ans de métier, vous devez en avoir, des anecdotes ?...*

– *Ah ça, j'n'en manque pas ! On en voit, des drôles d'oiseaux ! Des déguisés, des chapeautés, des tatoués, des percés, et même des hommes-girafes, une fois ! Et puis aux heures de pointe, les gens se bousculent, les esprits s'échauffent… C'est pour ça que j'essaie de détendre l'atmosphère.* »

Didier est un philanthrope. Ce Bon Samaritain serait prêt à donner sa veste, ou à repriser celle de son prochain s'il en avait l'occasion. Mais aujourd'hui, jour de la Saint-Lazare, il tire sa révérence et sa veste, justement, il la raccroche. Car à 55 ans, Didier va tout prochainement devenir un… jeune retraité. Pour lui dire au revoir, des collègues ont spécialement fait le déplacement pour se retrouver ensemble une dernière fois à bord du bus 84.

« – *Eh oui, ça y est, c'est mon dernier trajet. Ah, ça fait quelque chose quand même. Et puis que les collègues soient là… C'est émouvant, quoi !*

– *Et qu'est-ce que vous allez faire maintenant de votre temps libre ?*

– *Eh bien je vais continuer à prendre le bus, hé hé ! Pour aller me promener vers la gare, revoir des amis. Mais ce sera de l'autre côté du guichet, maintenant.* »

Une bien belle histoire comme on aime en voir, on salue chaleureusement Didier au passage, profitez bien de votre retraite…

Star de Twitter, Samuel Etienne a réussi l'exploit inouï de succéder avec brio à Julien Lepers, remercié en 2016, aux commandes du jeu télévisé *Questions pour un champion*, à l'antenne sur France 3 depuis 1988. Monument du paysage audiovisuel français, Julien Lepers était reconnaissable à son phrasé particulier lorsqu'il énonçait les questions.

QPUC

Tribute to Julien L, 1988

Littérature, question… littérature. Alors là vous l'avez, LÀ !... Vous l'avez ! Il faudra être rapide, attention… Indice, chez vous…

Top !

[4] Qui suis-je ? Un ouvrage publié pour la première fois en 1947. Mon histoire, très courte, commence à bord d'un bus et se termine cour de Rome, devant la gare Saint-Lazare.

[3] Je suis écrit selon le principe de la contrainte littéraire par un des fondateurs de l'OuLiPo, ce mouvement littéraire surréaliste.

[2] De 99 manières différentes, je raconte la rencontre avec un individu au long cou à bord d'un bus, individu grossier que le narrateur recroise plus tard en compagnie d'un ami.

[1] Écrit par Raymond Queneau et comportant de nombreux jeux de mots et figures de style, je suis… Je suis…

Il s'agit ici d'une légère variante de cette contrainte telle qu'elle est définie par l'OuLiPo. On s'attachera dans cette version à faire en sorte qu'au sein de chaque phrase, le premier mot ne comporte qu'une lettre, le deuxième en comporte deux, trois pour le troisième et ainsi de suite. Proche variante, les oulipiens proposent également la « montagne russe » : texte écrit de façon à ce que pour tout mot de position *n* comportant *m* lettres, le mot de position (n+1) doive comporter (m+1) ou (m-1) lettres strictement.

Boule de neige

Tribute to Olaf & Bouli, 1989

Ô, le bus ! (S, ce car.) À sa vue nous osons monter, presque confinés. Y va une nuée dense, serrée, énervée, fatiguée : populeuse. J'ai mon beau sujet : jeunet, ronchon, difforme. D'un cou très galbé, ladite cigogne dodeline hardiment. J'ai osé rire, amusé, voyant celui-ci accoutré drôlement. D'un vif élan, notre pédant (William) rouspète. S'il ose, avec force gestes, enrager bêtement ! « *À la fin, vous pûtes cesser, diantre !* » Ô le fol être veule ! (J'ai cru voir ledit gredin prendre fauteuil.)

À la fin, nous avons aperçu William. À la…heu… gare ! À St. Laz'. J'ai, oui, revu notre jeunet. D'un ami, donc, cette phrase sortait : « *Boutonne décemment, gourdiflot !* »

Phrases non verbales, enchaînement de questions rhétoriques qui n'attendent pas nécessairement de réponses, phrases laissées en suspens... voilà autant de marqueurs discursifs qui, caricaturalement, définissent la parlure de Laurent Boyer, notamment connu pour avoir présenté l'émission *Fréquenstar* diffusée sur M6 entre 1988 et 2006.

Fréquenstar

Tribute to Laurent B, 1991

Alors Raymond, salut mon Ray-ray, on est là pour la sortie de ton nouvel alb… de ton nouveau bouquin, t'es prêt, on y va ? Alors récap', Le Havre, 1903, février, un cri, une naissance… une destinée ? 1920, Paris XVIIIe, une chambre de bonne sans chauffage, la Sorbonne ; et puis 1930, surréalisme, une exclusion, Dédé… des regrets ? Alors Raymond, si j'te dis 47, Paris VIIIe, un autobus, un homme girafe, tu nous expliques ?... Raymond, tu me dis si je me trompe, t'avais la haine contre Breton, tu voulais frapper un grand coup ?... Un coup du sort, un coup de génie, Raymond, avec ton histoire de pieds, tu mets le paquet, tu nous en fais voir de toutes les couleurs, réaction ?... Devant la gare, même scénar, un ami, un échange, un bouton, on en parle ? Au fond, Raymond, raconter cent fois la même histoire, c'est un parti pris ? T'as pas peur qu'on te reproche de manquer d'inspiration ? C'est pour montrer que tu privilégies la forme plutôt que le fond ou c'est vraiment pour la jouer provoc ? …

Souvent moquée ou parodiée pour ses règles jugées sibyllines, il n'aura pourtant pas échappé à votre œil désormais oulipien que l'émission *Pyramide* que Patrice Laffont anima de 1991 à 2003 n'était autre qu'un jeu de devinettes basé sur le principe de l'analogie, qu'elle soit phonétique ou sémantique.

Pyramide

Tribute to Patrice L, 1991

– Houlà !... Pas facile celui-là, Néfertiti ! Je vais le prendre en quatre briques. Euh… *Octacontagone.*

– … *Autocariste* ?

– *Hypertrophié.*

– Ah ! Euh… *Tohu-bohu* !

– Non, hem… *Panaris.*

– *Chapeau claque* ?

– … *Récamier.*

– Ah, d'accord ! *Horodateur.*

– Merci !

Attention, gare au faux pas ! Pepita, vous êtes prête ? Raymond, William, prêts ?... Allons-y !

– Je vais le tenter en deux. Hem… *Ubiquitaire.*

– *Redingote* ?

– … *Escalator.*

– Ah, je l'ai : *Bubonique* !

Autre monument du PAF, le duo formé par Fred et Jamy aura beaucoup œuvré pour la vulgarisation scientifique à destination des plus jeunes. Quel instit n'a jamais, au grand jamais, utilisé leurs vidéos comme support de cours ? Plaidant coupable, je me devais ce petit clin d'œil parodique à cette émission diffusée sur France 3 entre 1993 et 2014 ayant été reprise par une nouvelle équipe en 2019.

C'est pas sorcier

Tribute to Fred & Jamy, 1993

– Dis-donc Jamy, je me suis un petit peu perdu dans la capitale et je voulais rentrer au camion en bus parce que j'ai une envie pressante… Mais c'est le troisième autocar bondé qui passe sans que je puisse monter à bord. Tu pourrais nous expliquer ça, toi ?

– Évidemment Fred, c'est on ne peut plus simple ! Voyez plutôt cette maquette… Nous allons faire l'expérience suivante : je vais jeter de 3 mètres de haut un chat couché sur le dos, une tartine à plat à l'endroit et, comme témoin, un salsifis. […] Voyez le résultat : aussi sûr que le chat retombe sur ses pattes, la tartine tombe invariablement à l'envers, avec la confiture répandue sur le sol. C'est ce qu'on appelle la loi de Murphy, la loi de l'emm… de l'enquiquinement maximum selon laquelle « *tout ce qui est susceptible de mal tourner, tournera nécessairement mal* ». C'est pour cela que ton papa ne tombe que sur des feux rouges lorsqu'il est en retard au travail, et que ton imprimante n'a jamais d'encre lorsque tu dois imprimer ton exposé la veille au soir en catastrophe.

– Aaaah ! … Et c'est pour ça aussi que ma clé USB ne rentre jamais du premier coup, et que j'ouvre systématiquement les boîtes de médicaments du côté de la notice ?

– Exactement mon cher Fred ! Tentons une nouvelle expérience, grandeur nature cette fois-ci. Fred, cours t'acheter des baskets blanches et prends le prochain bus.

– Ok, mais si on pouvait faire ça vite, parce que j'ai toujours mon envie pressante moi !

[…]

– Voyons plutôt où en est Fred. Fred, tu nous entends ? Tu es bien dans le bus maintenant ?

– Oui, et j'ai mis mes baskets blanches toutes neuves. J'ai hâte de rentrer au camion ! Mais qu'est-ce… Aïe ! Mais ! Eh oh !

– Si l'expérience a bien fonctionné Fred, tu viens de te faire bousculer à plusieurs reprises et quelqu'un a piétiné et sali tes chaussures immaculées. C'est bien ça ?

– Affirmatif Jamy, et évidemment, je me retrouve collé sous l'aisselle d'un individu patibulaire qui sent fort la transpiration. *"Dites-donc Monsieur, vous n'avez pas trop chaud sous votre chapeau et avec ce col roulé ? Ça vous dit quelque chose la loi de Murphy ?"* J'imagine qu'il n'y aura pas non plus de siège libre pour moi, Jamy ?

– Tout à fait Fred ! Pas pour toi… On s'est arrêté devant la gare, tu nous retrouves au camion ?

[…]

– Ben alors mon Fred, qu'est-ce que tu fais depuis tout ce temps ? C'est qu'on commence à s'inquiéter avec Marcel et la petite voix…

– Mais Jamy ça fait deux heures que j'arpente le parvis de la gare sans vous trouver et que j'essaie de te joindre, mais vous n'entendez rien !

– Ça doit être ton micro qui fonctionne mal. Accroche-le un peu plus haut sur ton col. Deux heures que tu attends ?! Tu ne dois plus en pouvoir mon pauvre Fred !

– Laisse-moi deviner : la loi de Murphy, c'est ça ?...

Parue en 1994, la méthode de lecture « Ratus » a appris à lire à bien des générations d'élèves. C'est l'occasion d'expérimenter ici une contrainte proche du lipogramme. Il s'agit en réalité de ce que l'on pourrait appeler un « lipographème ». On va ainsi exclure tous les sons complexes (dont la graphie nécessite deux lettres ou plus : an, oi, un, ch, gn, eau...) ainsi que toutes les lettres muettes et les doubles consonnes. On se met donc à la portée d'un élève de CP apprenant tout juste à lire en lui offrant un texte sans aucun piège : toutes les lettres se prononcent telles quelles. Reste uniquement la difficulté des différentes valeurs des lettres C, G ou S, des apostrophes ou des lettres accentuées. De quoi renforcer encore la contrainte...

Cours Préparatoire

Tribute to Ratus, 1994

Midi pile, le bus émerge. Une armada s'y écrase. Je décide malgré ce de me tapir, ratatiné, parmi ce triste cortège. Là, il y a ce type avec ce drôle de bob original, bordé d'une torsade. Il a le col étiré, filiforme tel le lama. Il peste avec vivacité, manifeste sa colère, menace… A priori, le mec à côté de lui l'asticote, lui écrase l'extrémité du pédicule. À la finale, il se pose sur une place libre.

L'aprèm même, face à la gare, je percute : rebelote, le type du bus ! Il discute juste là, sur le pavé de la place, avec le drôle de zigoto posté à côté. Cet olibrius lui préconise de sertir une fermeture de plus sur le col de sa veste.

Version CP +

Midi pile, le bus va venir. Il aborde. Je me persuade de me tapir parmi la multitude du populo. Il y a ce type : filiforme tel le lama, il a le bob original. Il peste, il manifeste, il menace sur une place libre.

[...]

Rebelote, le type du bus ! Si si je te jure : juste ici, sur la place de Rome. Il parle de sertir une fermeture de plus sur sa veste.

Voilà une idée reçue largement ancrée dans nos représentations qui constitue d'ailleurs un « marronnier » pour nos puristes de la linguistique : les SMS seraient un véritable fléau pour le niveau en orthographe de nos chères têtes blondes. La réalité est toutefois plus complexe... Diverses études ont été menées dans ce sens, comme notamment celle de Bouillaud, Chanquoy et Gombert (2007) qui montre au contraire que les élèves de CM2 les mieux familiarisés avec ce qu'ils nomment la « cyberlangue » sont ceux qui obtiennent les meilleurs résultats en dictée. Cela ne peut s'envisager que si l'on considère cette cyberlangue non pas comme un sous-langage issu d'un français dévoyé, mais bel et bien comme une variété à part entière du français ayant ses propres codes et spécificités. Le langage numérique permet en effet certaines libertés (orthographiques, syntaxiques, de ponctuation...) qui multiplient les possibilités d'affiner son message. Et ce à travers la totalité des fonctions du langage définies par le schéma de Jakobson (expressive, conative, phatique, métalinguistique, référentielle, poétique) grâce par exemple aux *émojis*, aux hashtags, aux commentaires ou encore à la graphie elle-même : « Oui ! » ≠ « oui !!!!!!! » ≠ « OUUUIIIIIIII ! » ≠ « oui. »

Afin d'aider les personnes malentendantes à communiquer, une équipe menée par le Finlandais Matti Makkonen mit au point ce « Short Message Service », le SMS, à la fin des années 1980. Le premier SMS ayant été envoyé en 1989, il faudra attendre la sortie du Nokia 2010, en 1994, pour qu'un téléphone grand public permette cette fonctionnalité. Il ne vous aura donc pas échappé que le terme « SMS » est de fait un anglicisme. Or, comme on l'a déjà soulevé, l'Académie française est peu encline à accueillir ces derniers. Elle peut procéder dans ce cas à ce que l'on appelle la « rétroacronymie », c'est-à-dire le fait d'inventer un sigle équivalent, sémantiquement proche, mais en français celui-là. Pour « SMS » il s'agit de « Service de Messages Succincts », mais nous verrons qu'il existe d'autres exemples.

SMS

Tribute to Matti M, 1994

Cc bb jss ds lbus ya 1 mec tro lol avc 1 cou 2 ouf et 1 chapO mdr ki se VnR avc 1 otr ! XD oskour !!

Re. Jss a la gar ptdrrr ya encor le mec du bus wsh !
jpp en mo2 parano !
Ya qqn ki vE lui refR sa vest wsh ?!

Difficulté additionnelle à celle du « beau présent », on peut imaginer une contrainte supplémentaire en imposant d'écrire de façon à ce que chaque ligne du texte soit une anagramme du nom du destinataire, ou d'un message lui étant secrètement destiné. Un genre de « *beau présent anagrammatique* », que l'« *apanage remarqua subitement* », en somme. La première colonne est constituée, vous l'aurez vu, d'anagrammes de « Raymond Queneau » tandis que la seconde est composée des lettres de « exercices de style ».

Oulipienne depuis 1995, Michelle Grangaud a écrit plusieurs ouvrages sur les anagrammes (*Formes de l'anagramme*, Bibliothèque oulipienne, 1995) et les palindromes, entre moult autres choses.

Anagrammes

Tribute to Michelle G, 1995

Quand en royaume, ce cri sexy déleste

Y a un énorme quad.
Na ! Que monde y rua,
dame ! On y arque, nu.
En quad, on y remua.
Un monde y a raqué :
y quémanda « n » euro.
Renaud Amonquey,
R.A., un doyen manqué,
ennuya, moqua Dr. E.
(E : un quadra moyen).
Quadrumane noyé,
anonyme quadeur
monarque, y dénua
(ay !) ma ronde nuque.

Lectrice X, déesse Y,
y reste ceci : l'ex des
délices s'y excrète.
Il s'y est excédé, ce R.
Le Dr. E. s'y excite sec !
Re-stylisé, E excède.
« *Ce style !* », se décrie X.

Imaginé dans les seventies par un ancien gymnaste américain, Greg Glassman, la première salle de CrossFit voit le jour en Californie en 1995. Discipline sportive complète alliant musculation et fitness, elle a été popularisée à la suite de la sortie du film *300*, les acteurs ayant subi un entraînement intense durant le tournage. Le CrossFit a, depuis, connu un réel essor et si ses routines sont extrêmement codifiées, son langage l'est tout autant pour le profane. En résulte ce « sociolecte » bien peu académique.

Crossfitter

Tribute to Greg G, 1995

J'avais peur d'être en retard pour le *warm-up* du *wod*, alors je suis parti à ma *box* en bus façon *metcon.* J'étais un peu en mode *farmer carry* avec mon sac de sport dans une main et mon cartable dans l'autre, puisque je sortais du taf. Là, un autre athlète, dans les vingt-cinq ans mais avec un sacré *bodyweight* s'agitait un peu dans l'autobus. Le genre qui doit bien galérer avec les *overhead* vu la longueur de son cou... Il essayait de se faire discret sous son chapeau à cordelette mais il était surtout en train de battre son *personnal best* et de montrer ses *skills* niveau lourdeur, à seriner ses plaintes AMRAP contre un autre *affiliate.* Il lui reprochait d'avoir fait un *chipper* avec *kipping*, *push jerk*, *shoulder press* et *toes to bar* un peu trop près de lui. Finalement, il a baissé un peu l'intensité de son *wod* et a adapté ses rounds avec un *L-sit for quality.*

Deux heures après, j'étais sorti de la *box* et je devais rejoindre un ami dans ce nouveau restau paléo qui a ouvert près de Saint-Lazare. Et sur qui je tombe ? Sur l'athlète du bus ! Son coach lui conseillait de changer un peu son *outfit* pour être plus à l'aise en *pull-up.*

Si l'humoriste Élie Semoun a popularisé les *Petites annonces* en 1995 avec sa série de sketchs, celles-ci existent depuis la naissance de la presse écrite au début du XVIIe siècle. Afin de financer la publication de leur journal et de créer une sorte de communauté – leur lectorat – le recours aux petites annonces apparut comme une nécessité pour les pionniers de la presse. Et dans ce domaine, ce n'est pas le temps, mais l'espace qui est de l'argent : les annonces sont facturées au mot, voire au caractère. D'où cette abréviation à l'extrême, parfois à la limite de l'indéchiffrable.

Petite annonce

Tribute to Elie S, 1995

JH indep. 26a HSP++ ch. H 50a CSP+ pr part. traj. covoit. HR ds voit. coll. TBE si poss. prox. Paris 8 ou quart. proch.
Aggr. et ps srx. s'abst.
RSVP pr RDV ult. HB dvt. St. Laz. pr renc. &+ si aff.

Nous avons déjà évoqué, pour la version SMS, le concept de rétroacronymie. Là encore, les institutions officielles promptes à bouter les anglicismes hors de France (il existe en effet une « Commission d'enrichissement de la langue française », la CELF, dont le rôle est entre autres de proposer des substituts, a posteriori, aux anglicismes déjà entrés dans l'usage), n'ont pas manqué de malice. Cet anglicisme issu de l'expression « Global Positioning System », donc désignant le système en lui-même (« système mondial de positionnement »), a été habilement maquillé en « Géolocalisation par satellite » et désigne aujourd'hui, par métonymie, l'appareil ou l'application utilisant ce système.

GPS

Tribute to Ivan G, 1995

Démarrage de l'itinéraire : 84, Rue de l'Arrêt (77171)

Dans 50 m, prenez la première à gauche, Allée de l'Impériale (37550)

Continuez tout droit sur 200 m, Rue de la Bondé (10400)

Prenez la première à gauche, Rue de la Girafe (91610)

Dans 150 m, tournez à droite, Rue du Chapeau Rouge (78730)

Continuez tout droit sur le Chemin des Tresses (34420)

Dans 100 m, tournez à gauche, Rue des Pieds Cornus (77114)

Sur votre gauche, longez l'Impasse de la Discorde (13015)

Vous arrivez sur la Place du Siège (65140)

Continuez sur 2 km, rue du Temps Passé (33000)

Dans 50 m, tournez à droite, Rue du Renouveau (66350)

Prenez la deuxième sortie, Rue de la Girafe (14000)

Continuez tout droit, Rue du Conseiller (63270)

Dans 50 m, tournez à droite, Rue des Grands Manteaux (34300)

Dans 100 m, votre destination se trouvera sur la gauche, Rue du Faubourg Boutonnet (34090)

Clin d'œil au personnage de Brice de Nice campé par Jean Dujardin dans le film éponyme sorti en 1996, le surf est un autre exemple de discipline sportive, elle aussi désormais olympique, qui peut se targuer de posséder un sociolecte bien marqué. Essentiellement issu d'anglicismes (mais pas que), son lexique demeurera relativement opaque pour le profane.

Raymond de Capbreton

Tribute to Jean D, 1996

J'étais parti me mettre une petite session tranquille avec ma 8'4" qui a le *tail shapé* comme un *gun*, mais ce n'était pas sur mon *homespot* et le *line-up* était bien *crowdé*… Autant te dire que je ne la ramenais pas trop au pic, au milieu de tous ces *hotspotteurs* ! En plus ça remuait pas mal, avec un gros *swell* qui donnait de bonnes séries en *shore break*. Et là, il y a un *rookie* prétendument sponso vus les stickers sur sa *deck* qui débarque et commence à faire le malin à se positionner offshore. Après avoir laissé passer deux droites magnifiques, il se plaint de se faire *dropper* et *snaker* systématiquement par les locaux ! On lui signale que son *leash* serait mieux à son pied qu'autour de sa *flatcap*, mais il continue à se la raconter et à râler que les autres enchaînent les *cutbacks* à ses pieds. Pas du tout dans le *spirit aloha*, quoi ! Dépité, il a fini par s'asseoir sur sa *board* en attendant de pouvoir tracer entre deux sets.

Deux heures plus tard, je change de *spot* vers le « *beach break* de la gare » en espérant un peu d'accalmie. Mais en fait, ça n'arrêtait pas de déferler plus gros encore, et il y a même une droite bien puissante qui m'est tombée dessus comme une locomotive, je me suis fait salement lessiver ! J'arrive tant bien que mal à me stabiliser sur ma *board* et à *duckdiver* quelques vagues pour ne pas rester *inshore*, et sur qui je tombe ?... Sur le *rookie* de tout à l'heure ! Un autre type, sûrement un de ses *teammates*, se moquait de lui en lui disant de prendre une intégrale à sa taille la prochaine fois. Avec son cou aussi long que la gauche de *Cloudbreak*, ça lui éviterait de prendre l'eau par le col…

Si la voyante astrologue Madame Soleil (c'est son vrai nom, Germaine Soleil, y a zéro vanne) a connu une certaine aura et a mis en lumière cette activité obscure avant de s'éteindre en 1996, les grosses ficelles utilisées par les générateurs d'horoscope n'ont pas survécu longtemps face aux tests scientifiques. C'est le fameux « effet Barnum », décrit en 1945 par le psychologue américain Bertram Forer, qui démontre les divers biais cognitifs nous conduisant à considérer que notre horoscope convient réellement et spécifiquement à nous-même… alors que nous partageons chacun notre anniversaire avec pas loin de 20 millions d'humains.

Horoscope

Tribute to Madame Soleil, 1996

Balance :

Difficile de trouver l'équilibre aujourd'hui, vous vous sentez un peu bousculé et mal dans vos baskets. Asseyez-vous un moment pour faire le point, détendez votre nuque et ne baissez pas votre visière afin de pouvoir être attentif aux rencontres que vous pourriez faire aujourd'hui. Un proche pourrait bien vous être de bon conseil, et vous redonner la banane…

Couleur : le rouge

Nombres : 4 - 10

Poissons :

Vous vous sentirez à l'étroit et comme pris dans un wagon dont vous ne maîtrisez pas les rênes, mais tâchez de rester serein et de ne pas prendre part aux querelles dont vous pourriez être témoin. Vous ferez certainement une rencontre qui ne vous laissera pas indifférent, et qui pourrait même vous inspirer dans le domaine artistique…

Couleur : le vert

Nombre : 84 - 99

Force est de constater que les conseillers marketing de la marque Pokemon se sont montrés redoutablement habiles : sortie en 1996 par la firme nippone Nintendo, cette franchise de jeux vidéo a aujourd'hui encore la faveur des enfants dans les cours de récré. Tout comme dans le domaine du sport, chaque jeu possède ses propres codes et son propre lexique.

Pokémon

Tribute to Satoshi T, 1996

Grâce à une Capsule Secrète, Sacha peut débloquer l'accès caché au Bus Dracolosse pour relier Johto à Kanto, sans utiliser la CS Vol. Juchés sur ce magnifique Dracolosse niveau 84, de nombreux rangers voyagent, accompagnés de leurs Pokémons. Un Girafaric niveau 26 semble d'ailleurs particulièrement apeuré malgré son talent d'attention, puisque celui-ci n'a pas d'effet hors combat. Son dresseur, Lucio, est l'un des membres du Conseil des 4 de Sinnoh. Pour essayer de calmer son Pokémon, il pose sa casquette sur la tête que les Girafarics ont au bout de leur queue. Mais au lieu de l'apaiser, cela l'énerve davantage. Le Pokémon effectue une ruade et lance l'attaque « Rugissement » tout en utilisant « Écrasement » sur les Pokémons alentours. Coup critique, la tension monte et Sasha sent l'électricité poindre à la surface de son Pikachu. Il est prêt à sortir ses Pokéballs si un combat éclate ou si son Pikachu est mis en danger. Heureusement, avant que le Girafaric n'ait le temps de lancer un « Choc mental » ou, pire, un « Psykoud'boul », Lucio parvient à le maîtriser en nouant une corde autour de sa tête, pour l'amener s'asseoir sur le flanc arrière du Dracolosse.

Comme Sacha ne peut pas se permettre d'attendre l'Aquaria, il choisit de prendre le train magnétique afin de rejoindre Safrania. Quelle surprise ! Devant la gare, il retrouve Lucio en compagnie de son Girafaric. Ce dernier semble encore une fois agité au milieu de la foule, mais son dresseur le connaît et le comprend bien, puisqu'il parvient à nouveau à le calmer en le couvrant de sa propre veste, qu'il rajuste au niveau du col pour que son Pokémon ne se sente pas à l'étroit. Pikachu est rassuré lui aussi, il va pouvoir passer un voyage paisible avec Sacha…

Que dit un rasta quand il arrête de fumer ?

(→ « *Mais c'est quoi cette musique de merde ?!* »)

Derrière cette boutade potache se cache nécessairement, outre les clichés fumeux liés au reggae, la réticence (voire le dénigrement) du grand public pour ces genres musicaux tels que le reggae, le ragga, le *dancehall* ou encore le *reggaeton*. Cependant, moi-même gourmand de reggae, je me dois de me faire l'avocat du diable et de concéder que la relative facilité, souvent seulement apparente, pour composer des *riddims* de reggae, de *dancehall* ou de *reggaeton* - d'ailleurs parfois semblables et répétitifs - ont produit une quantité pléthorique de morceaux. Et forcément, quantité ne peut pas toujours rimer avec qualité. Ce qui fait qu'avec un nombre déterminé de termes et de thèmes, on peut aisément parodier l'archétype d'une telle musique. Si elle est si facilement imitable et « parodiable », c'est que nécessairement son langage possède des marqueurs assez puissants pour cela.

Ayant coanimé et réalisé l'émission de radio *Lovin Fun*, avec Le Doc et Difool sur Fun Radio de 1993 à 1996, Tidav part un an en Martinique d'où il revient empli d'influences et références musicales. Depuis 1997, il est aux platines de diverses émissions sur Skyrock tournant autour du *roots*, du reggae, du *ragga* et du *dancehall*. Et même si l'offre est immense, il existe de véritables pépites, Jah merci !

Reggae ragga

Tribute to Tidav, 1997

Burnin' Babylon down,

Burnin' Babylon to da ground…

Burnin' Babylon down,

We lead da way to Zion…

Ce son est pour toutes les massives qu'on entasse dans des bus.

Pour tous ces exploités, moi je prône : Exodus !

Rudeboy, n'accepte pas qu'on te marche sur les pieds,

Écoute bien mon flow, on va lever une armée

Pour contrer les puissants et leur système consumériste,

Ceux qui enfilent un chapeau et croient être des artistes,

Si Babylon tend le cou pour écouter nos confidences,

On va le prendre au col et l'entraîner dans notre danse…

Refrain

Ils s'assoient pour nous regarder trembler dans le wagon

Qui tous les jours nous fait croire qu'on prend seul nos décisions

Mais tout est acheté dans ce monde qui ne tourne pas rond

Et tout est négocié par Babylon et ses patrons.

Ils voudraient rajuster cet habit qui n'est pas le leur

Que tu portes fièrement pour faire vivre tes valeurs

Et pour qu'ils les entendent, pas besoin de sonotone

Écoute bien mes *lyrics* : on va brûler Babylon !...

Refrain

Créée en 1997 par Trey Parker et Matt Stone, la série animée américaine *South Park* en est aujourd'hui à sa 23e saison. Avec un langage châtié, un humour trash et un sens aigu de l'absurde, la série se moque des grands thèmes de société. Il n'est cependant pas rare que la réalité dépasse la fiction...

South Park

Tribute to Trey P & Matt S, 1997

Cartman : Bordel de merde, Kyle ! Ça vous suffit pas d'avoir les banques et les médias, il faut en plus que tu me voles mon oxygène ! Enlève tes sales pieds crochus de juif de mes chaussures !

Kyle : Oh, la ferme, Cartman ! C'est pas ma faute si on est serré dans ce bus, c'est quand même pas moi qui ai vomi sur les huit sièges de devant !

Butters : Heu… désolé, les gars…

Kenny : Mpf hhmmmf hmf mmmmpfffhmf hpf hmmf !

Stan : C'est bon Cartman, avec Wendy on te laisse nos deux sièges. Ça devrait suffire pour ton gros cul…

Cartman : Je vous emmerde tous, et je rentre, à ma maison !...

[…]

Mrs Cartman : Éric mon sucre d'orge, tu ne devrais peut-être pas entamer ce septième paquet de chips… Ton pull-over va craquer, mon trésor. Je vais être obligée d'y ajouter un bouton…

Cartman : Ta gueule m'man, t'es devant la télé bordel !

Outre leur génie comique, ce que mettent en lumière Éric Judor et Ramzy Bedia dans la série de sketchs *Les Mots d'Éric et Ramzy* diffusée en 1998 n'est ni plus ni moins qu'un exercice oulipien. En effet, cette idée de sketch est semble-t-il née du « jeu des contrepèteries qui n'en sont pas » auquel ils s'adonnaient tandis qu'ils étaient animateurs sur Fun Radio. Or, l'OuLiPo a donné un nom à cela : cette contrainte est un « Canada Dry » (ou « parapèterie » selon Georges Perec). Une fausse contrepèterie, en somme, qui en a l'apparence et l'odeur mais qui n'en est pas une (*Les curés ont fait un long banquet dans les Pouilles*).

« Les Mots », c'est encore autre chose. Ici, le duo d'humoristes joue sur la « paronomase » : le fait de rapprocher deux termes paronymes (ayant une prononciation proche, donc pouvant être confondus phonétiquement). En outre, ils ironisent sur un des aspects de ce que les linguistes nomment « l'insécurité linguistique », à savoir la sensation provoquée ici par la rencontre d'un mot qui nous est inconnu. Ce phénomène est donc étroitement lié à celui de « registres de langue » comme on le voit souvent décrit dans les manuels scolaires, tandis que les experts lui préfèrent le terme de « marchés linguistiques », tantôt « relâchés » tantôt « tendus », pour reprendre les mots du sociologue Pierre Bourdieu. On évite ainsi tout jugement subjectif hiérarchisant ces supposés registres. Il faut dire que les mots faussement expliqués par Éric et Ramzy (œcuménique, philatéliste, hypermétrope, parcimonieux...) seraient pour la plupart considérés comme « soutenus ».

Les mots de…

Tribute to Éric J & Ramzy B, 1998

Éric : Bonsoir Mesdames et Messieurs. Ce soir, ensemble, nous allons essayer d'apprendre un mot.

Ramzy : Ce mot, nous ne le connaissons pas. Ni vous, ni nous.

Éric : Minou, le petit chat, « niark niark niark ! »

Ramzy : Non, ni vous, NI NOUS. Ce mot-là, découvrons-le ensemble…

PARAGOGE

Éric : « Pentagone ». Alors c'est trop fastoche, c'est aux USA des Amériques et en fait…

Ramzy : Non ! « Paragoge » : « P-A-R-ga-go-G-E » : « paragoge ».

Éric : Très bien Monsieur « Jesaismieuxprononcerquetout lemonde », commencez la définition s'il vous plaît !

Ramzy : Pour cela Éric, mettons-nous en situation.

Éric : La situation quelle est-elle ?

Ramzy : Attends deux secondes, c'est pas facile, je réfléchis… Oui, alors on est dans le bus, et… Oh là là, qu'est-ce qu'il y a du monde ! On est serré comme des Sandrine !

Éric : Des Tartines !

Ramzy : Des Martine !

Éric : Martine à la ferme ! Martine fait les courses ! Martine va au cirque ! La revanche de Martine ! Martine se rebiffe ! Martine…

Ramzy : Wow, wow, woh… On est serré, et j'ai un p'tit peu l'impression de me faire bousculer à qui mieux mieux !

Éric : C'est normal, avec tes grands bras maigres et ton grand cou maigre et tes grands pieds maigres, tu peux pas t'empêcher de prendre de la place ! Tu débordes sur tout le monde !

Ramzy : Ouais mais moi au moins j'suis pas chauve ! Je peux mettre des chapeaux et avoir le swag ! Eh ouais !

Éric : Si ton chapeau il pouvait au moins cacher ta tête de…

Ramzy : Oh là ! Eh oh ! On se calme hein, moi je vais aller m'asseoir sur cette place libre là-bas, parce que …

Éric : … parce que t'es lâche ?

Ramzy : Parce que… sinon, hein… Tu verrais ce que tu vas voir, hein ! Oh, tiens, mais j'entends mon train qui arrive !

Éric : Ah bon mais on n'est plus dans le bus ?

Ramzy : Heu… Ahem, mais non, on est à la gare maintenant. Mais il est où mon train ?! De ce côté ?... Non, de ce côté alors ?... Monsieur le contrôleur, s'il vous plaît, sur quel quai arrive mon train ?

Éric : Alors déjà, heu… Primo, tu vas arrêter de courir dans tous les sens sur un quai de gare. Avec ton faciès, c'est un coup à te faire coffrer direct, mec ! Deuxièmo, on essaie d'avoir un accoutrement vestimentaire pas trop ostensiblatoire dans un lieu public. Ta chemise, là, tu vas fissa fissa me rajouter un bouton tout en haut, Monsieur « Jemelaraconteavecmespoilsapparents » ! C'est bon pour les Italiens ça, pas pour les… Hem… Et… troisièmo… heu, en fait, je suis pas vraiment contrôleur.

Ramzy : Écoute-moi bien espèce de pas vraiment contrôleur… Je fais bien ce que je veux et je cours où je veux avecque ma chemise !

Éric : … Il fait donc des paragoges. Oui, parce qu'il bouge toujours dans tous les sens : un coup il part à droite, un coup il paragoge… part à gauche… par… para…

Ensemble : Nous ne voyons pas d'autre explication.

Là encore, le français de l'interview d'après match est une langue très codifiée. Il y a des « passages obligés », des expressions à placer coûte que coûte sous peine de n'être pas crédible. À tel point que souvent, on croirait que ces sportifs récitent un texte appris par cœur. Des expressions, mais aussi une syntaxe et une certaine poétique du discours qui, presque immanquablement, n'oublie pas de rappeler que c'est avant tout la victoire d'un groupe.

Fin de match

Tribute to Didier D, 1998

Non, je crois que sur le plan footballistique, on a su proposer un beau match. L'objectif aujourd'hui c'était de monter dans le bus qui allait nous mener en huitièmes, et je crois qu'on ne l'a pas loupé. Il y avait une sacrée équipe en face de nous, l'adversaire s'est montré agressif mais on ne s'est pas laissé marcher sur les pieds. On a su développer notre jeu et imposer notre rythme même si on a souvent été bousculé.

On a eu peur que leur attaquant de pointe nous fasse de nouveau son « coup du chapeau », parce qu'il en est capable. Mais heureusement, il nous a offert largement assez d'ouverture pour pouvoir le prendre au cou. Il s'est montré agressif et se plaignait du manque d'espace laissé par ses coéquipiers, il faut dire qu'ils piétinaient un peu en attaque. Il a d'ailleurs accumulé les fautes offensives, et son coach a fini par l'asseoir sur le banc pour éviter le carton, et je crois qu'on peut s'en féliciter.

Mais il ne faut pas oublier que même si aujourd'hui c'est la victoire d'un groupe qui s'est montré soudé et si l'important c'est les trois points, au match retour, il faudra muscler notre jeu si on veut épingler une nouvelle étoile sur notre maillot. Notre adversaire ne nous lâchera pas, et le public fera tout pour nous tailler un costard quand on ira jouer chez eux dans deux jours.

P14B est le pseudonyme au poker de Patrick Bruel, s'étant fait connaître dans ce milieu en remportant en 1998 l'un des tournois des World Series of Poker, à Las Vegas. Le poker possède, comme toute communauté, ses codes et son langage. Notons que s'il y a parmi le lexique une forte proportion d'anglicismes, certains ont été traduits quand d'autres ont gardé leur version française.

Poker

Tribute to P14B, 1998

De très nombreux joueurs se sont engagés ce midi dans ce tournoi itinérant en *sit-and-go*, et on assiste à des *full-rings* plutôt qu'à des tables *short-handed*, ce qui promet de belles batailles et du spectacle en perspective ! À la table 84, William a tout de suite voulu s'imposer en *chipleader* – il y a de quoi vu son *bankroll* – et il faut dire que c'est un *action-player* intéressant, doté d'un sacré facteur d'agressivité et d'un bon *acting*, il faudra le surveiller de près… Difficile de savoir ce qu'il mijote sous son drôle de chapeau à cordon, ça et son cou interminable, ça fait partie du personnage, et il en joue pour se montrer *aggro* auprès de ses adversaires. Alors William a malheureusement touché la *bottom pair* au *flop*, mais face à la tentative de *blocking bet* du *early*, il va quand même relancer en *2-barrel*. C'est un véritable duel entre les deux, mais William semble avoir un *edge* sur son rival. Il part d'ailleurs à tapis ! Incroyable ! Attention toutefois de ne pas risquer le *bad beat*… Qu'il *re-raise all-in* comme ça en semi-bluff, c'est osé, c'est un vrai *shark* ce William ! Avec ce joli coup, je crois qu'il a tout à fait sa place parmi les meilleurs de ce tournoi et qu'il pourra sûrement s'asseoir à la table finale.

[…]

Après deux heures de combat acharné, on retrouve William à la table finale, devant une sacrée foule de *railbirds*. Il est face à une vieille connaissance, ces deux joueurs se sont souvent rencontrés en tournois et les voir s'affronter est une véritable leçon de poker ! Tandis que William a revêtu la veste de *short-stack*, son adversaire lui suggère, non sans un sourire, de partir à boîte pour espérer un *double up*. William est au bouton, que va-t-il lui répondre ?...

Ayant entamé sa carrière à la télévision dans les années 1980 après un passage dans la pub, Thierry Ardisson se distingue par les interviews décalées qu'il mène dans ses talk-shows. Avec son émission *Tout le monde en parle* à l'antenne sur France 2 entre 1998 et 2006, il sait s'entourer d'une équipe efficace, qui, d'un côté, épluche la presse pour lui afin de connaître l'invité dans ses moindres détails et rédiger des fiches en conséquence, et de l'autre, lui écrit des vannes et *punchlines* qui vont rythmer l'interview. En résulte ce ton (préférant le présent de narration) et cette cadence particulière (succession de questions rhétoriques pour lancer les vannes).

Tout le monde en parle

Tribute to Thierry A, 1998

Alors Raymond Queneau, bonsoir ! Raymond vous êtes né au Havre le 21 février 1903 dans une famille plutôt modeste. À l'époque vous racontez à tout le monde que vos parents sont commerçants, mais en réalité votre père est comptable et votre mère est au chômage. Pourquoi ? Vous aviez peur qu'on se moque de vous : Raymond dans les lettres, papa dans les chiffres et maman dans la merde ?... Ouais…

Alors après avoir décroché le bac vous décidez de « monter à Paris » pour étudier la philo. Mais quand on vient du Havre, on « descend » à Paris plutôt, non ? […]

Là, vous vous découvrez une passion pour Hegel suite aux cours dispensés à la Sorbonne par Alexandre Kojève. Mais bizarrement, l'étude de la dialectique hégélienne vous donne le goût de la rhétorique. C'était pour faire le malin, vous préfériez faire des bons mots plutôt que de vraiment philosopher ? Ouais…

Alors Raymond, après avoir servi en Algérie et au Maroc où vous en profitez pour apprendre l'arabe, vous vous faites virer du groupe des surréalistes mené par André Breton. Un Breton qui dégage un blédard, rien de bien surprenant, si ? […]

Alors vous publiez *Le Chiendent* en 33, votre premier roman, d'autres suivront assez rapidement, et tout ça nous amène à cette fameuse journée du printemps 47.

Ce jour-là vous prenez le bus de la ligne S qui va de la porte de Champerret jusqu'au Panthéon. Et vers midi et quart, au niveau du parc Monceau, vous sentez comme un malaise…

– *Sur la plate-forme arrière, j'aperçus un personnage au cou fort long. Il interpella tout à coup son voisin.*

Ouais, faut dire qu'il a l'air bizarre le type, non ?

– *Il portait un feutre mou entouré d'un galon tressé au lieu de ruban.*

Alors en fait il se plaint que son voisin lui marche sur les pieds, il fait un véritable esclandre dans le bus mais finit par aller s'asseoir.

Mais le plus incroyable dans cette histoire c'est que deux heures plus tard, sur le parvis de la gare Saint-Lazare, vous recroisez la même personne.

– *Devant la gare, en grande conversation avec un ami.*

C'est dingue ! Et l'ami en question lui conseille alors, heu…

– *…de diminuer l'échancrure de son pardessus. En en faisant remonter le bouton.*

Alors Raymond, cette histoire ahurissante va vous bouleverser profondément, à tel point qu'en guise de catharsis, vous allez décider d'en faire un livre. C'est pas un peu facile ?...

Comme nous l'avons vu à propos des SMS, l'usage du cyber-langage n'affecterait pas nos compétences orthographiques. Il n'empêche, on ne peut s'empêcher de penser que ses débuts furent tout de même parfois chaotiques. Cette version est un clin d'œil nostalgique à l'époque où l'on draguait sur Caramail ou MSN, aux débuts des Skyblogs bien avant la naissance de Facebook.

KikooLol

Tribute to MSN, 1999

Tro bel aprem o park avec mais bestah ! XD !!! Tro lol le tipe dan le bus avc son cou de jiraf et son chapo mdr !!! Il a fayi sambrouyé VnR ! paOKLM

Apré on trène a sin lazar, trankil ! PTDR on voi ancore le tipe du bus a sambouyé avec un otre ga !

Monument d'absurdité, le Kamoulox est un exercice de style à lui tout seul. Comment le décrire, comment expliquer les règles de cette parodie de jeu TV imaginée par le duo Kad (Merad) et Olivier (Baroux) sur la chaîne Comédie ?

Kamoulox

Tribute to Kad & O, 1999

Bonsoir à tous et bienvenue au Kamoulox avec ce soir deux nouveaux candidats, qui vont se présenter…

– Oui bonsoir je m'appelle Raymond Q. Seydu-Poulay, et je suis chauffeur-livreur à Menton.

Et vous livrez quoi, Raymond ?

– Non non, je suis chauffeur livreur, je chauffe les livreurs. Je les aguiche quand ils s'arrêtent pour livrer.

Très bien. Vous êtes marié ?

– Non, j'ai arrêté.

Des hobbies ?

– Oui.

Et à votre droite, Honoré.

– Oui bonsoir, je suis Honoré…

Moi aussi.

– …Honoré Palthan, et je suis coiffeur à mentons.

Ah tiens, comme Raymond !

– Non non, je coiffe les mentons : les barbes, les boucs, tout ça… Moi j'habite Tourcoing.

Marié ?

– Non, Tourcoing.

Très bien, des hobbies, des passe-temps ?

– Oui, je collectionne les maquettes de bus. J'en ai 84.

Raymond, vous êtes gaucher, c'est vous qui commencez. Vermifuge ou Abribus ?

– J'hypnotise un oblitérateur et je danse la farandole.

Joli coup, vous reculez de trois sardines. Honoré ?

– Je mâchonne ses chaussures et je querelle un clocher ?

– Je contre !

– Pas mieux.

Bien joué, Honoré, vous gardez la main.

– Je la rends.

Raymond, chapeau claque ou cordelette ?

– Je… momifie la tour Eiffel et j'écartèle une girafe.

Gi – ra – fe, bravo, vous tombez sur une carte mystère.

– … Ah m'asseoir sur un banc ?

Cinq minutes avec toi, joli coup, Raymond ! Vous reculez de trois endives. Honoré ?

– Je tente la passe de deux heures.

Ah vous ne pouvez pas, Honoré, il y a déjà Tata Yoyo qui tapine devant la gare Saint-Lazare en opposition. Case « Nouveau look » : cinq secondes de Cristina Cordula.

– “Attends ma ton chapeau il est manifaïque ma ton veste il est ‘au secours’, ma chérie !”

Bien rattrapé Honoré, vous prenez la tête. Attention Raymond, il faut se reprendre… saute-mouton ou bouton-pression ?

– Je… Je fais rajuster mon veston et…

– KAMOULOX !

Bravo Honoré, nous avons notre nouveau finaliste. Félicitations et à la semaine prochaine ! Un petit mot avant de partir ?

– Style.

– Swag.

Sachez qu'éphéméride est féminin (cela fait partie des choses que je ne parviens pas à imprimer. Je l'aurai oublié demain.)

Sachez également qu'en dehors des horaires solaires, les informations sont authentiques.

Éphéméride

Tribute to Alain GP, 1999

Bonjour à tous ! Aujourd'hui jeudi 21 février le soleil se lèvera à 12 h 17 pour se coucher à 14 h 28. Nous souhaitons une bonne fête aux Pierre-Damien ainsi qu'aux Pépin. Espérons qu'il n'y en aura pas pour vous aujourd'hui, quel que soit le trajet que vous ayez à faire… Et comme dit le dicton : « *À la Saint-Pierre-Damien, l'hiver reprend ou s'éteint.* » Tâchez pour votre part de reprendre du poil de la bête et de travailler du chapeau sans vous laisser marcher sur les pieds. Au passage j'en profite pour souhaiter un bon anniversaire à Raymond, né lui aussi un 21 février. Quant à moi, je vous souhaite une excellente journée, on se retrouve dans deux jours pour une nouvelle éphéméride.

[…]

Bonjour à tous ! En ce samedi 23 février, nous nous retrouvons jour de la Saint-Lazare, et nous fêtons également les Florent. Tâchez d'écouter le vieil adage : « *À la Saint-Florent, il est bien de semer le froment, mais sans perdre de temps.* » Faute de froment, vous vous efforcerez de semer la paix plutôt que la zizanie, et vous saurez écouter les conseils de vos amis. Excellente journée à vous, et à très bientôt !

Dans la première phrase de ce texte, le maximum de mots (la totalité dans l'idéal) doit commencer par la lettre A, puis par la lettre B dans la deuxième phrase, et ainsi de suite jusqu'à épuisement de l'alphabet. Contrainte que les oulipiens nomment « tautogramme » (voire « tautogramme progressif »), jouant donc à la fois sur les assonances et les allitérations, et qui peut être vue comme une variante de l'abécédaire. Le duo Blackalicious, dans son album *A2G* (1999), en fait d'ailleurs un brillant exemple en anglais. Ici, contrainte supplémentaire outre le tautogramme progressif, tous les mots du texte sont dans l'ordre alphabétique.

Alphabétique

Tribute to Blackalicious, 1999

Abondants amateurs aperçus arrivant, attroupés ; autocar avancé. Balance-t-on, bien bousculés, bringuebalés brutalement ! Bruyant dadais dégingandé diablement doté (doulos drôlissime), énergumène énervé évidemment excité, faufilante figure funeste, fuyant galurin, gesticulante girafe grotesque, homme honteusement hostile ; il intrigue intuitivement. (Je jure, justement justifié !) Képi kitshissime knouté, là, le longiligne loubard lutte, manifestement menaçant.

[...]

Métropolitains néophytes, nous observons, pantois, Paris pétrifié. Quand ? Quelle question ! Qui ? Quoi ? Rebelote, rejoignant Saint-Lazare, s'avance ton type : ubiquité ultime. Un usager, vadrouilleur vagabond, vagit :

– Venez ! Venez venez, vertigineuse veste ! Visez, voilà, votre... voulez-vous ?

– What ?! Woh woh wow ! Xénophobe XXL yankee ! yodla-t-il, zélé, zézayant zigoto.

L'idée de cette contrainte est de partir d'une matrice de mots inscrits dans un tableau et d'en créer différents textes à partir de phrases entrecroisées, en fonction du sens de lecture. Imaginée par l'oulipote Maxime David, elle est proche de « l'échiquier verbal » exploré par Nicolas Graner et Gilles Esposito-Farèse (contrainte dans laquelle il existe une troisième lecture, liée aux déplacements d'un cavalier sur un échiquier). Ici, les deux parties du texte apparaissent selon que l'on prend les mots de gauche à droite ou de haut en bas.

LE	CAR	GARE	AVEC	CE
TYPE	JE	REMONTE	REGLE	MON
DU	LE	MONSIEUR	TRES	GRAND
CAR	VOIS	JE	BIEN	DEBORDANT
ENCORE	EN	TAILLE	CACHE	COL

Le terme de « matrix » me paraît particulièrement bien adapté pour cette contrainte. D'abord car il s'agit bel et bien d'une matrice de mots, ensuite car cela fait référence au film *Matrix* des sœurs Wachowski, dans lequel deux lectures de la réalité se mêlent, l'une étant cachée dans l'autre.

Matrix

Tribute to Lana & Lilly W., 1999

Le car garé avec ce type, je remonte, règle mon dû. Le monsieur : très grand (car, vois-je bien, débordant encore en taille), cache-col.

Le type du car, encore ! Car je le vois en gare, remonté :

– *Monsieur* !

– *Je taille avec, réglé* ?

– *Très bien.*

– *Cache ce…*

– *Mon grand* ?

– *… débordant col.*

Créé en 2000 par les Américains Stephen Kaufer et Langley Steinert, le site TripAdvisor pèse aujourd'hui plus de 3,5 milliards de dollars. Pionnier du web 2.0, ce site participatif permettait à l'origine de noter des restaurants ou hôtels mais a depuis élargi son offre. Néanmoins, cela ne se fait pas sans certains écueils et dérives : algorithme imparfait, commerce des clics et des votes... Pour preuve, en 2017, le facétieux journaliste anglais Oobah Butler a relevé en seulement six mois le défi de faire du « Shed at Dulwich », un restaurant factice logé dans sa cabane au fond du jardin, la meilleure table de Londres. Sans avoir jamais servi le moindre plat, ledit restaurant étant bel et bien inexistant. Allant à l'encontre de nos biais cognitifs qui font que nous sommes d'emblée plus enclins à rédiger un commentaire pour nous plaindre plutôt que pour manifester notre satisfaction, Butler voulait par ce canular dénoncer le « trafic » de commentaires, lui-même ayant trempé dans ce business qui lui rapportait dix livres par avis positif.

Tripadvisor

Tribute
to Stephen K & Langley S, 2000

●○○○○
« À éviter !!! »
J'ai voulu essayer cet autobus ce midi et autant vous dire que j'ai très vite regretté ma décision ! Beaucoup d'attente avant d'être servi, un monde fou à l'intérieur, une salle très bruyante et un serveur peu aimable qui semblait se moquer de moi (il RIAIT en montrant mon chapeau et le col de ma veste) !!! J'attends encore les excuses de la direction… Un autre client m'a même écrasé le pied sans demander pardon ! Quand j'ai ENFIN pu m'asseoir, le personnel m'a toisé d'un œil noir. Bref : un très bel accueil !!!
J'inviterais les autres clients déçus (ils doivent être nombreux !) à aller plutôt manger du côté de la cour de Rome. Clientèle d'habitués certes (j'y retrouve souvent les mêmes têtes), mais les serveurs ne sont jamais avares d'un conseil et l'accueil y est autrement plus amical.

Adapté dans plus de soixante pays, ce jeu télévisé d'origine britannique, à l'antenne depuis 2000 sur TF1, a pendant plus de seize ans été présenté par Jean-Pierre Foucault et son fameux *« C'est votre dernier mot ? ».*

Millionnaire

Tribute to Jean-Pierre F, 2000

– *Pour 1 500 euros, Raymond, écoutez bien :*

Lorsqu'on se laisse faire sans protester on dit qu'on se laisse…

A : Courir sur les mains
B : Marcher sur les pieds
C : Ramper sur la tête
D : Sauter sur les oreilles

– Bon, là, je crois que je ne vais pas hésiter longtemps, je vais dire « B : on se laisse marcher sur les pieds », et c'est mon dernier mot Jean-Pierre.

– *Très bien, on ne va pas faire durer le suspense inutilement, c'était bien la réponse B : on se laisse évidemment marcher sur les pieds.*

[…]

– *On approche à présent du deuxième palier. Concentrez-vous Raymond et dites-nous, pour assurer les 48 000 euros…*

Le peuple des Ndébélés, connu pour ses femmes-girafes, est originaire de…

A : Somalie
B : Côte d'Ivoire
C : Afrique du Sud
D : Bénin

– Ah, là, j'hésite un peu… Non, je ne peux pas me permettre de prendre de risques, je vais demander le 50-50.

– *Très bien. Ordinateur ? Ordinateur, voulez-vous, je vous prie, éliminer deux mauvaises réponses.*

– J'hésitais entre Bénin et Afrique du Sud mais du coup, ça confirme un peu mon intuition. Je ne sais pas, je… Bon, on est là pour jouer, alors je vais dire la réponse *C : Afrique du Sud.*

– *C'est votre dernier mot ? Au risque de redescendre à 1 500 ?*

– C'est mon dernier mot, Jean-Pierre.

– … *Alors là, chapeau, vous avez bien fait de vous faire confiance, les femmes-girafes Ndébélés sont bien originaires d'Afrique du Sud. Bravo Raymond ! Raymond, vous avez 48 000 euros, 48 000 euros dans votre poche, quoi qu'il arrive. Vous avez une grande poche au moins ?* [rires] *Mais revenons au jeu. Pour 72 000 euros, Raymond, saurez-vous nous dire…*

Le « col Claudine » doit son nom à une écrivaine française. Laquelle ?

A : Colette
B : Madame de Sévigné
C : George Sand
D : La comtesse de Ségur

– Aucune idée mais là, je vais utiliser mon dernier joker. Je vais appeler William.

– *Expliquez-nous qui est William, Raymond.*

– Ha ha ! Eh bien… Il se trouve qu'on s'est pris le bec un jour dans le bus tous les deux et qu'on s'est recroisés dans la même journée. On en a finalement plaisanté, et depuis on est restés amis.

– *Extraordinaire ! On appelle William. …William, allo ? C'est Jean-Pierre Foucault, je suis sur le plateau de* Qui veut gagner des millions *en compagnie de Raymond. Vous allez bien ?*

– Qui veut gagner des… Ah, très bien ! Bonsoir Jean-Pierre ! …Et bonsoir Raymond !

– *Je vous laisse avec lui, il a une question importante à vous poser… Asseyez-vous bien : c'est une question à 72 000 euros.*

– William, salut ! Bon dis-moi : « *Le col Claudine doit son nom à une écrivaine française : Colette, Sévigné, George Sand ou la comtesse de Ségur ?* » Tu m'avais fait une remarque un jour en montrant le col d'un copain, je ne me souviens plus de l'anecdote…

– C'est Colette, c'est sûr ! C'est elle qui a écrit les « Claudine », ça vient de là, de la photo sur la couverture du livre. Non, attends voir… Si si, ça me revient : sur la couverture de *Claudine à l'école* il me semble, Colette porte ce genre de col. Ça vient de là.

– Bon super, merci ! T'es sûr ?

– Oui, sûr et certain ! Tu peux y aller les yeux fermés. C'est Colette.

[…]

– Alors je vais faire confiance à mon ami et je vais dire la réponse *A : Colette*. C'est mon dernier mot, Jean-Pierre.

Lancé en 2000, année lors de laquelle le duo Marina Carrère d'Encausse et Michel Cymes coprésente *Le Magazine de la santé* sur France 5, le site français Doctissimo connaît rapidement un vif succès. Souvent moqué par ses détracteurs (on vient sur Doctissimo pour un ongle incarné, on repart avec un cancer métastasé et la suspicion d'être enceinte), ce site illustre relativement bien un néologisme hélas popularisé lors de la crise de la Covid-19 : l'ultracrépidarianisme. Attesté en anglais dès 1819 (de l'adjectif « ultracrepidarian », oui, encore un anglicisme), ce mot désigne la propension d'une personne, illégitime car non experte, à donner son avis sur des sujets qu'elle ne maîtrise pas.

Doctissimo

Tribute to Marina C. d'E., 2000

C'est un truc qui m'est arrivé aujourd'hui. J'étais dans le bus qui, comme d'habitude, était blindé de monde et ça se bousculait pas mal. Jusqu'ici rien d'anormal… mais à un moment, plusieurs passagers m'ont écrasé les pieds, en piétinant savamment mes chaussures. Depuis, j'ai une forte douleur au gros orteil et des rougeurs sont apparues. Je suis même monté en température, si bien qu'un peu plus tard, un ami m'a conseillé d'enlever mon chapeau et de dégrafer un peu le col de ma veste. Est-ce déjà arrivé à quelqu'un ? Dois-je m'inquiéter ? Quelle est la conduite à tenir ?... D'avance merci de m'aider !!!

[Je suis inculte parce que je n'en pratique aucun et insecte parce que je me méfie de toutes.]

♥0 like

Effectivement, cela peut devenir vite préoccupant… Un derme abîmé peut rapidement se nécroser au point de donner lieu à un terrain dangereusement propice au développement de cellules oncogènes. Si l'ongulopodocarcinome est relativement bénin, le risque ultérieur est surtout l'apparition de métastases osseuses voire spino-médullaires : il y a URGENCE VITALE !!!
Dans le doute, je ferais aussi un test des béta-HCG… En effet, il n'est pas exclu que de tels symptômes (hyperesthésie, état pyrétique, thermogénèse, irritabilité…) soient dus à une grossesse. As-tu eu des rapports non protégés récemment ? À surveiller de près… Courage !

[Il m'intéresse pas du tout, cet enflé, avec son chapeau à la con.]

♥0 like

Le slovakistanais est la langue fictive que parlent les Bratisla Boys, ce faux groupe de musique campé par Michaël Youn et ses acolytes Vincent Desagnat et Benjamin Morgaine. Le fameux groupe ayant commis le single *Stach Stach*.

Ne nous méprenons cependant pas. Les chansons de Michaël Youn ne sont pas toutes dénuées de sens. En s'entourant du chanteur et parolier Gérard Baste (fine plume des Svinkels) pour créer le personnage de Fatal Bazooka à la mort des Bratisla Boys, il signe par exemple le morceau *C'est une pute* dans lequel il dénonce la misogynie de la langue française. Appliquant exactement le même principe mais de manière plus chaste, *Le Zizi des mots* d'Élisabeth Brami et Fred L. (Talents Hauts, 2015) traite également avec humour des disparités sémantiques entre masculin et féminin, le tout illustré avec soin.

Slovakistanais

Tribute to Michaël Y, 2001

Kouroukoukou kareski boukou foulesh. Kalom o koukoustash kordoutresh képi ka rouban. Kalom o koukoustash karalou ka lou piesh a tchikétchak. Kareski boukou foulesh roulou boukou soukoustash. Kalom o koukoustash kareski kassi kourou ban.

Lazarévitsh agaroustash korinkou kalom o koukoustash. Kalami kourou diesh kourou veshta tchikétouf, kourou boutoush boulganiesh.

L'ultracrépidarianisme : nous venons tout juste de l'évoquer. Ce phénomène a d'ailleurs eu comme corollaire, nous avons également pu le voir, le développement accéléré des discours complotistes. Or, force est de constater que ces derniers ont leur propre rhétorique, leurs propres codes et leur propre langage.

Complotiste

Tribute to Les Illuminati, 2001

Et si la RATP n'était qu'un complot anarcho-maçonnique ?

Fervents lecteurs de notre blog, il ne vous aura pas échappé que sous l'acronyme RATP se cachaient en réalité les expressions « Rage Against The Police » et « Rage Against The Power », les noms de mouvements anarchistes ultraviolents apparus dans la France de l'après-guerre. Créée en 1949 (tiens donc, la même année, la France connaît un terrible incendie dans les Landes [le « jour des sorcières »], et le franc est sérieusement dévalué à plusieurs reprises. Coïncidences ? ...), la RATP devenait pour eux un moyen efficace de contrôler les masses et de diffuser leurs idées. Qui, en effet, n'a jamais eu envie de mutiler son voisin pour une énième bousculade ou un pied écrasé, dans le bus ou le métro ? Vous en conviendrez aisément : prendre les transports en commun donne des envies de meurtre, même au plus pacifiste d'entre nous. Cette promiscuité excessive, imposée à toute heure de la journée, avec des individus aux physiques et aux styles vestimentaires ingrats, tout ceci sert à alimenter dans l'inconscient collectif des désirs de rébellion dans la violence. Ne subissons pas ! Ne restons pas assis à ne rien faire !

Contrôlé notoirement par diverses loges maçonniques, il ne serait pas exclu que le système d'exploitation des chemins de fer français soit en lien direct avec l'organisation secrète cachée derrière la RATP. En effet, la SNCF (en réalité la « Société nationale des confréries franc-maçonnes », est-il encore utile de le préciser ?), s'est tout de suite assuré une bonne image auprès des Français lorsque son train Paris-Bordeaux a atteint un record de vitesse européen en… 1949, évidemment. Pourquoi 1949 a-t-elle été choisie comme année importante ? Additionnons les chiffres afin d'en obtenir la racine numérique : 1 + 9 + 4 + 9 = 21 et 2 + 1 = 3. Trois, comme les trois côtés d'un triangle. Trois triangles qui forment un trièdre. Inutile de vous faire un dessin, vous voyez aisément là où cela nous ramène. Une telle pyramide a 6 arêtes : trois fois le chiffre 6 et on obtient bien entendu 666, une référence à peine dissimulée au groupuscule anarcho-sataniste œuvrant derrière la RATP. Par ailleurs, la SNCF ne cesse depuis lors de faire du lobbying auprès des industries pharmaceutiques. Dans quel but ? Demandez-vous combien d'anxiolytiques et d'antidépresseurs sont vendus pour supporter les retards chroniques de la SNCF. Combien de tranquillisants et de somnifères achetés pour subir sans devenir un assassin les nuisances sonores à bord d'un train de nuit ? Combien de séances de psychothérapie, pas toujours remboursées par la Sécurité sociale, pour un regard de travers, une insulte ou une remontrance vestimentaire ? Là aussi, de ce marasme de haine, de frustration et d'exaspération naissent des pulsions destructrices, rejoignant ainsi la cause de la RATP.

Enfin, est-il encore besoin de mettre en exergue ce dernier point : grâce à quelle énergie fonctionnent et la RATP, et la SNCF ?... Grâce bien évidemment à la « fée électricité ». EDF (« Ensemble devenons francs-maçons »), qui est notoirement derrière tout ce complot, ne s'en cache pas et affiche un slogan qu'ils ne prennent même pas la peine de déguiser : « *Nous vous devons plus que la lumière.* » La lumière pour illuminer le monde, pas la peine d'en être justement une pour comprendre que les Illuminati tirent les ficelles de ce vaste programme d'annihilation de l'être humain.

Agissons avant qu'il soit trop tard ! Boycottons, et diffusons ce message au plus grand nombre ! Non au complot anarcho-maçonnique !

Avec le lancement de l'iPod en 2001, Steve Jobs aura définitivement changé notre façon de « consommer » de la musique. Morceaux choisis...

Playlist iTunes

Tribute to Steve J, 2001

1	Waitin' for the Bus	ZZ Top	Chrome, Smoke & BBQ	2003
2	'84	Ro James feat. Snoop Dogg	Cadillacs [EP]	2013
3	Partybus	Culcha Candela	Next Generation	2005
4	La Foule	Edith Piaf		1957
5	Mon Beau Chapeau	Sacha Distel	Mon Beau Chapeau	1960
6	La Corde Raide	Dub Incorporation	Dans le Décor	2005
7	Le Déclin du Mammifère à Long Cou	Cheesecake Ninja	Le Déclin du Mammifère à Long Cou	2013
8	Ne me marchez pas sur les pieds	Michel Polnareff	Ne me marchez pas sur les pieds	1966
9	Fragile Tension	Depeche Mode	Sounds of the Universe	2009
10	Y a des Chaises pour s'asseoir	Daran et les Chaises	J'évite le Soleil	1992
11	Deux Heures à Tuer	Catherine Sauvage	Héritage : La Mélancolie	2008
12	Déjà Vu	Eminem	Relapse	2009
13	Conseil d'Ami	La Fouine feat. GDX	CDC4	2014
14	Un de Plus	Esquisse	Simple Elémentaire	2011
15	Le Bouton Rouge	Gérard Darmon	Au Milieu de la Nuit	2003

Cette contrainte pourrait être définie ainsi, plutôt comme un jeu de devinettes : il s'agira de faire découvrir une personnalité, une œuvre ou de raconter une histoire connue de tous en n'employant que des expressions, dictons ou maximes célèbres. *À bon entendeur...*

Clin d'œil aux différentes variétés du français d'Afrique, Joseph Andjou est un journaliste franco-ivoirien notamment connu pour avoir l'habitude de clore ses émissions par un proverbe africain dont il a le secret. Et comme on dit en Zambie : *« Attends d'avoir traversé la rivière avant de dire que le crocodile a une sale gueule. »*

Proverbial

Tribute to Joseph A, 2001

Tout vient à point à qui sait attendre.

Mais ou et donc or ni car.

Être serrés comme des sardines.

Ne pas se laisser marcher sur les pieds.

Travailler du chapeau.

Avoir la corde au cou.

On ne marche pas deux fois sur les testicules d'un aveugle.

Prendre au collet.

Un grain de maïs a toujours tort devant une poule.

Qui va à la chasse perd sa place.

Impression de déjà-vu.

Se faire remonter les bretelles.

Prendre une veste.

Comment faisions-nous avant Wikipédia (lancé en janvier 2001 par les Américains Jimmy Wales et Larry Sanger) pour nos recherches et nos exposés ? Je rends ici hommage à la génération *Quid*, *Encarta* et *Universalis* pour les plus chanceux. Souvent critiqué du fait que tout le monde peut modifier un article (rapport à l'ultracrépidarianisme déjà évoqué), il n'en demeure pas moins que les articles les plus en vue bénéficient d'une veille constante de la part de réels spécialistes. Les mises à jour, corrections et améliorations sont permanentes et son « wiktionnaire » est à ce jour l'un des dictionnaires les plus dynamiques et complets en langue française.

Wiki

Tribute to Jimmy W, 2001

Exercices de swag

Ne pas confondre avec l'ouvrage célèbre de l'écrivain français Raymond Queneau : Exercices de style

Exercices de swag est le deuxième ouvrage écrit par Léopold Julia, professeur des écoles à Montpellier et doctorant en sciences du langage. Il s'agit bien sûr d'un hommage à Raymond Queneau ainsi qu'à tous les surréalistes amoureux du verbe et des jeux avec les sons et les mots, mais aussi et surtout d'une déclaration d'amour, voire d'une déclaration d'humour à la langue française et sa richesse.

L'auteur a choisi de conserver la même trame narrative que Queneau et l'a déclinée de 99 nouvelles manières, toutes différentes et remises au goût du jour par rapport à l'ouvrage de référence paru en 1947. Outre certaines versions dont les contraintes d'écriture sont purement stylistiques (principe cher à l'OuLiPo), l'auteur s'amuse à parodier des faits, émissions ou personnalités marquants de sa génération pour imaginer cette histoire telle qu'elle serait racontée par ceux-ci. Essai socio-humoristico-poétique, cet ouvrage saura ravir les lecteurs de tous âges. [réf. souhaitée]

Principe [modifier | modifier le code]

L'histoire est la même que celle déclinée 99 fois dans l'ouvrage de Raymond Queneau, Exercices de style, paru en 1947. À Paris, le narrateur prend le bus n° 84 (autrefois le S) vers midi et y fait la rencontre d'un jeune homme au long cou portant un chapeau mou entouré d'une tresse plutôt que d'un ruban. Ce quidam se plaint qu'un autre voyageur le bouscule et piétine ses chaussures à chaque fois que de nouveaux passagers montent à bord. Plus tard, le narrateur se rend cour de Rome, devant la gare Saint-Lazare et y recroise le jeune homme du bus. Celui-ci s'entretient alors avec un ami qui lui conseille de faire rajuster le bouton supérieur de son pardessus.

Dans *Exercices de swag*, l'auteur s'autorise en toute modestie à ajouter 99 nouvelles versions à ces exercices, répondant également à la règle de s'imposer une contrainte littéraire différente pour écrire chacune d'elles. Ce concept de contrainte littéraire trouve son origine au sein du groupe de surréalistes créé en 1960 nommé OuLiPo (pour OUvroir de LIttérature POtentielle), cofondé entre autres par Raymond Queneau. Ainsi trouvera-t-on dans ce présent ouvrage diverses contraintes que l'on qualifiera de rigoureusement « oulipiennes », telles que l'acrostiche, le lipogramme ou le palindrome. Là où l'auteur se permet quelques libertés, c'est qu'il y ajoute des contraintes que l'on pourrait appeler « parodiques », en faisant écho à des références culturelles communes partagées par plusieurs générations. Pour exemple, on pourra lire cette même histoire tantôt racontée par le journal télévisé de Jean-Pierre Pernaut, comme un épisode de Bref, un rap de Booba ou encore en slovakistanais.

Influences et inspirations [modifier | modifier le code]

Si Queneau ou Perec ont été les sources d'inspiration premières ayant déclenché cet amour pour les mots, celui-ci a depuis trouvé son bonheur à travers les textes de Brassens, Devos, Lapointe et plus récemment encore MC Solaar, Iam, Stéphane De Groot ou encore les Svinkels. Cet éclectisme donne naissance dans cet ouvrage à diverses références à la littérature, la télévision, le spectacle, la musique ou le cinéma. De Renaud au Kamoulox, de la fable de La Fontaine à la blogueuse de mode, tout le monde trouvera, je l'espère, de quoi lire et sourire.

Fondé en novembre 2001 par le Français Marc Simoncini, le site de rencontre Meetic s'est rapidement inscrit comme un pionnier de la drague 2.0 en France. Souvent parodié et tourné en dérision, il est indéniable que ce type d'application aura d'une certaine manière modifié nos rapports à l'autre. En 2016, une enquête montrait que 28 % des 18-25 ans étaient inscrits sur un site de rencontre tandis que 9 % des couples déclaraient s'être connus par Internet.

Meetic

Tribute to Marc S, 2001

Fringuant quinqua (Paris VIII) aimant l'exercice, la poésie et les balades en ville cherche jeune homme 25 ans environ (bien membré) pour faire bout de chemin ensemble, danser collé-serré et plus si affinités.

Chapeau à toi si tu te fais relooker avec assez de classe pour me séduire et qu'on est amenés à se revoir ! Nous irons regarder passer les trains en déclamant des vers, cheveux au vent… Pas sérieux s'abstenir.

Le français d'André Manoukian est incontestablement une langue riche. Riche d'envolées lyriques, de métaphores plus ou moins sibyllines, de citations et analogies tout aussi hermétiques et de joyeuse emphase. Vous en doutez ? Allez donc faire un tour du côté de www.fibretigre.com/manou/index.php. De truculents internautes se sont amusés à créer un générateur d'avis façon Dédé. Un bijou !

Nouvelle Star

Tribute to André M, 2003

Alors là, wahou !... J'ai un peu l'impression de renaître à nouveau, écoute, dès les premières notes, tu nous as entraînés dans une valse mélancolique postapocalyptique, un peu comme si Ottokar Ier sous amphèt' déclamait la poésie d'Hermann Hesse. On est monté avec toi et tu nous as tout de suite bousculés, il y avait plein de voix qui se mêlaient dans une cacophonie mélodieuse qui groovait comme dans une arrière-cour de Memphis, tu vois ?

Tu me rappelles un peu Madame de Fontenay qui, la corde au chapeau et la fleur au fusil, avait cette phrase sublime pour évoquer les voyages en bus : "Lâchez-moi les baskets !" Parce que tu ne t'es pas laissé faire, toi tu n'as rien lâché, sur le refrain tu as poussé ta voix et haussé le ton, même si tu te battais presque avec les notes.

Et puis tu as enfin posé ta voix, tu as assis la mélodie, TA mélodie. Il y avait quelque chose de wagnérien, c'est devenu une espèce de murmure chaman ésotérique qu'on entendait à peine, mais en même temps on avait l'impression que tu te tordais le cou comme ces Padaungs birmanes pour que les notes se glissent doucement jusqu'à nos oreilles. Et ça fonctionnait, ça fonctionnait grave, même !

Et là, après un silence qui a paru durer deux heures, bam ! Tu nous rebalances la sauce, on retrouve la fougue surannée façon Boris Vian codéiné du début de ta prestation. Un peu comme si, à l'image de saint Lazare, on était les premiers ressuscités dans ton univers musical. C'était fort, c'était fou, c'était déraisonnable comme si Bozo le clown voulait rajuster le veston de Karl Lagerfeld tu vois, mais en même temps on a envie de se demander : où est la raison, quand on a devant soi la quintessence de la musique ? Change rien, c'est juste super.

Bref c'est un oui, un immense OUI !

La référence à Camilla Läckberg est un hommage à ce genre littéraire que j'affectionne particulièrement sans trop savoir pourquoi : le polar scandinave. Lars Kepler, Erik Axl Sund, Yrsa Sigurðardóttir ou encore Camilla Grebe et Søren Sveistrup, voilà autant d'univers dans la noirceur desquels je me complais.

Vous l'aurez constaté : il semble bien que ces auteurs affectionnent le « name-dropping ». Ou plutôt le « toponyme-dropping », « toponyme » étant le terme désignant de façon générale un nom de lieu. Ma traduction de ceux-ci en suédois est d'ailleurs personnelle et nécessairement fort hasardeuse. Je prie ainsi les suédophones de bien vouloir m'en excuser.

Polar scandinave

Tribute to Camilla L, 2003

Wilhelm Långhalsson resserra le col de son pardessus lorsque le bus 84 amorça son virage dans Junimarskalkplan afin de regagner Courcellesgatan en direction de Wagramvägen. Sous son trilby en feutre gris anthracite qu'une tresse entourait négligemment, la sueur commençait à perler à la racine de ses cheveux clairsemés. Peu à peu, l'intime conviction qu'"ils" l'avaient reconnu le gagnait. Pour lui, toutes ces paires d'yeux lui jetaient sans cesse des regards trop appuyés. Il pouvait sentir leur poids. Une bousculade qui lui parut suspecte l'obligea à se décaler vers l'arrière de l'autobus. Wilhelm sentit qu'on lui marchait sur le pied droit. Il le retira vivement, trop sans doute, car tous les passagers alentours le dévisagèrent. Il en était maintenant persuadé : "ils" savaient. Il le lut dans les yeux gris, d'une froideur de pierre, de ce Reimund qu'il avait noté sur sa liste et qui était depuis lors devenu l'un de ses "sujets". Il l'avait croisé un nombre incalculable de fois sans jamais être soupçonné. Mais aujourd'hui c'était différent. Il le sentait. L'autobus essayait de rattraper son retard en accélérant sur Messinegatan après avoir dépassé Monceaugårdarpark quand Wilhelm alla s'asseoir vers le fond du car, sur un siège recouvert de feutre mauve et bleu dont il pouvait, malgré la foule, sentir l'odeur caractéristique de poussière mêlée de sueur aigre. Il appuya sa tête contre la vitre pour tenter de faire tomber la chaleur moite qui commençait à inonder son long cou en le couvrant de plaques rosâtres. Son front y laissa une marque lorsque subitement, ne pouvant en supporter davantage, Wilhelm sauta hors du bus au niveau de Madeleinkyrka entre Ogräsgatan et Kungligagatan, en bousculant au passage l'homme qui lui avait écrasé le pied un peu plus tôt.

Ce n'était pas dans ses habitudes de suivre deux fois le même "sujet" au cours d'une même journée. Cela ne faisait pas partie du programme. Mais c'était plus fort que lui, Wilhelm voulait en être certain. Les choses étaient allées trop loin. Comme il connaissait l'agenda de Reimund sur le bout des doigts, il se rendit exactement cent vingt-huit minutes plus tard sur Rometorget peu après avoir passé Stenvägen, juste devant Heliglazartågstationen. Afin de n'être pas repéré, il prit soin de venir avec Emil, un suiveur comme lui. Ils devaient s'arrêter à douze pas depuis le trottoir, parler pendant quarante-cinq secondes puis repartir en direction du métro. D'ici, Wilhelm aurait le temps d'observer Reimund et de savoir, pour de bon cette fois-ci. Emil commença le dialogue orchestré précédemment et s'adressa à Wilhelm en lui rajustant le col. Mais ce dernier ne l'écoutait déjà plus. Il avait braqué ses yeux clairs, dépourvus d'expression, en direction de Reimund. Lentement, celui-ci fit pivoter sa tête puis s'arrêta pour le fixer. Le sang de Wilhelm se glaça quand, soudain, Reimund lui sourit.

Empreinte d'anglicismes, de « brand-dropping » (fréquentes allusions à des noms de marques), d'onomatopées et de phrases courtes pour créer du dynamisme, la rhétorique du français de blogueuse de mode est également très codifiée.

Puisque ce sont aujourd'hui les influenceuses qui définissent les tendances en matière de mode, peut-il en être de même en termes de linguistique ? Sont-elles capables de créer des modes langagières ? La question mérite à mon sens d'être posée...

Influenceuse

Tribute to Kathryn F, 2003

Holà mes fashionistas ! Pour celles qui *follow* mon blog assidûment, vous devriez savoir que je ne suis pas du genre à me plaindre. (Si si !) Mais dans ce billet, j'ai un peu carrément envie de pousser un coup de gueule ! Ranafout' namého ! Loin de moi l'idée de faire ma *fashion police* en donneuse de leçons, mais y a des limites ! Aujourd'hui, le *fashion* faux pas méritait *definitively* un carton rouge ! Je m'explique…

Ne me demandez pas *why*, mais j'ai été o-bli-gée de prendre le bus pour être à l'heure afin de ne pas louper le *start* du défilé Rime Arodaky à la PFW, en plus j'étais en *frow*. Serrée parmi la plèbe, autant vous dire que mes yeux ont pris un sacré coup ! C'était un peu la cour des miracles *slash* l'armée du salut *slash* un sketch des Deschiens, vous voyez ?... Et puis au milieu il y avait ce mec, dans les vingt-cinq ans, barbe de trois jours sur un cou joliment galbé, costume Pal Zileri bleu cobalt, Stan Smith blanche et rouge Adidas by Pharrell *sooooo trendy* en totale adéquation avec le fameux *mountain hat* Vivienne Westwood qu'il portait à merveille. En plus il montrait qu'il était capable d'arborer LE *it hat* tout en se l'appropriant : il l'avait customisé en l'entourant d'une ceinture tressée de chez Faguo avec un rappel rouge et blanc. So chic ! Mais *apparently*, j'étais la seule du bus à réaliser que son *outfit* était carrément looké. Les autres n'avaient aucun respect ni pour lui ni pour sa *wear* : le *poor darling* s'est fait froisser son costume, piétiner ses Stan Smith et renverser son chapeau. J'avais envie de dire aux gens « *Allo ! Wake up, on est en 2021 ! Vu votre manque flagrant de goût, la moindre des choses, c'est de respecter ceux qui en ont !* » Mon *boyfriend to be* a fini par être contraint d'aller s'asseoir pour éviter d'être *once again* bousculé par ces ignorants.

À la sortie du défilé, j'étais près de la gare quand j'ai revu le BG. J'ai enfin pu de nouveau croire en l'humanité quand j'ai entendu son ami le complimenter sur son style mais remarquer tout de même l'encolure imparfaite de son blazer marine. Ouf, tout n'est pas perdu les girls !

Ayant su surfer sur la vague du web 2.0 collaboratif, le Français Vincent Caron lance sa plate-forme en ligne de covoiturage en 2004 : BlaBlaCar.

Cette version est l'occasion de mettre en lumière une stratégie de communication déjà évoquée précédemment : le fait, en marketing, de recourir à des anglicismes afin de « faire du neuf avec du vieux ». Et vendre ainsi du jus de fruit et de la soupe au prix du smoothie, du *juicing* ou du *souping*. De même, nous pouvons voir fleurir dans la presse les articles vantant les nouvelles tendances suivantes : le covoiturage, le troc, le vintage, les friperies, le DIY… Comme s'il ne s'agissait que d'une mode, en omettant au passage d'évoquer d'autres raisons pourtant non négligeables : l'économie et l'écologie.

BlaBlaCar

Tribute to Vincent C, 2004

Aujourd'hui

12:17 **Paris 8, Parc Monceau**

Départ : RDV Parc Monceau devant l'arrêt de bus : voir avec le conducteur (Horaire de passage estimé)

Cour de Rome

14:15 **Gare St Lazare**

Arrivée : RDV sur le parvis de la gare : voir avec le coach relooking

- Détails : départ à +/- 5 minutes
- Bagages non acceptés (hors bagages à main)
- Arrêts fréquents
- Options : 48 max. à l'arrière

William

J'effectue le trajet parc Monceau – gare St Lazare, avec arrivée prévue vers 14 h 15. Arrêts fréquents, risque de secousses à l'arrière. Je ne pourrai pas céder le volant, mon chapeau et mon cou gêneraient la visibilité du conducteur remplaçant. Je ne garantis pas de trouver immédiatement une place assise, merci de bien lire les conditions avant d'accepter afin d'éviter les plaintes intempestives.

Dans cette version, le but est de créer à la fois des rimes « aux yeux » et des rimes « sonores », sans bien évidemment que celles-ci soient les mêmes. Ce qui s'écrit identiquement doit se prononcer différemment, et réciproquement. Par exemple, les rimes classiques seront croisées tandis que les rimes pour l'œil seront plates. Ces dernières devront présenter *a minima* trois lettres identiques en fin de vers afin d'être considérées comme telles.

Difficulté supplémentaire afin que l'œil soit pleinement satisfait, il s'agit ici en outre d'un « isocélisme » (ou « vers isocèles ») : c'est-à-dire que chaque ligne comporte exactement le même nombre de caractères, espaces non compris. C'est le nombre 42 qui a été choisi de sorte que chaque distique compte exactement 84 caractères, 84 étant le numéro de la ligne de bus évoquée par Queneau dans ses *Exercices*. En outre, puisque chaque vers comporte le même nombre de mots (7), chaque ligne compte également le même nombre de caractères, espaces compris : 48, soit 84 à l'envers.

Son et lumière

Tribute to Ray C, 2004

Quand dans cet autobus moultes gens piétinaient,
Un jeune homme grognait, ses voisins l'épièrent.
Le chapeau scandaleux, l'aspect hautain et fier,
D'un vieillard quasi-chauve il disait se méfier.
Soudain, se détournant d'iceux qui le conspuent,
Il vole un strapontin que beaucoup convoitaient.
Bien plus tard, Saint-Lazare, une artère exiguë,
Sortant d'un vieux copain, conseil fut prodigué.

Peu de jeux vidéo peuvent se targuer d'avoir engendré une telle communauté, *World of Warcraft* en fait partie. En 2010, alors à son apogée, ce MMORPG (pour « Massively Multiplayer Online Role-Playing Game » : jeu de rôle en ligne massivement multijoueur) comptabilisait douze millions d'adeptes. Outre quelques rares termes propres, il va partager le même langage que la communauté des joueurs de MMORPG (donc beaucoup d'anglicismes) ainsi qu'un univers emprunté au médiéval-fantastique.

WoW

Tribute to les Geeks, 2004

MDR j'étais dans une grosse instance PvE avec ma guilde, on avait *stuffé* un *planter* un peu en mode *dirtworm* et on roulait tous dedans. Là, personne ne sait comment, il y a un *n00b* avec un *main* tout pourri qui débarque ! On s'est demandé d'où il sortait, on s'est dit que c'était *cheaté* ou que c'était un *bot*… Mais non, il monte avec nous et commence à *flooder* le *tchat* en disant qu'il *roxe* grave avec ses *skills* et son *xp*, alors que c'était qu'un pauvre *orc level* 26 ! On ne pouvait plus le saquer avec son cou de *mob* et son casque de mineur ridicule (à peine +15 d'endurance), donc j'ai un *war nain level* 54 de ma *team* qui le *target* et commence à le tanker en mode *focus* DPS CàC. Et lui qui se plaint que personne ne veuille le *heal* ! Il se met à *aggro* tout le monde, et puis il ose nous dire qu'il va être AFK ! Ça sentait fort le *ragequit* tu vois… Mais heureusement, au final on a réussi à le *kickban.*

Écoute, à peine deux heures après, j'attendais le Tram des Profondeurs à Hurlevent pour monter un raid vers Forgefer et sur qui je tombe ? Sur ce gros *n00b* de péon ! Apparemment, va savoir pourquoi, un troll de sa guilde qui venait de *looter* un item plutôt rare voulait le *level up* en *stuffant* son armure.

Tout jeune parent vous le dira : la trame narrative des épisodes de *Peppa Pig*, série TV animée britannique, peut souffrir d'une certaine redondance. Disons qu'il y a un canevas, un motif, une sorte de musique reconnaissable qui se décline à chaque fois (délicat euphémisme, les parents vous le diront). D'où la possibilité d'en tirer des traits distinctifs pour en faire une parodie.

Peppa Pig

Tribute to Neville A & Mark B, 2004

Bonjour, je m'appelle Peppa Pig, et voici mon petit frère Georges. Et voici Maman Pig, et voici Papa Pig. Grouik grouik !

Aujourd'hui, Peppa et Georges prennent l'autobus pour se rendre en ville. Papa Pig veut aller au magasin de Monsieur Fox pour s'acheter un nouveau chapeau. C'est Madame Rabbit qui conduit l'autobus. Peppa aime prendre l'autobus. Tout le monde aime prendre l'autobus.

<u>*Maman Pig*</u> : Peppa, Georges, pensez à bien vous tenir à la barre pour ne pas tomber. Il y a du monde, aujourd'hui.

<u>*Papa Pig*</u> : Oh oui ! Je me sens un petit peu à l'étroit… Tiens, Peppa, ne serait-ce pas ton ami Gérald Girafe au fond du bus, avec son papa ?

<u>*Peppa*</u> : Mais oui ! Hi hi ! Bonjour Gérald !

<u>*Gaston*</u> : Bonjour Peppa ! Toi aussi tu prends l'autobus ?

<u>*Peppa*</u> : Oui, mon papa doit s'acheter un nouveau chapeau au magasin de Monsieur Fox. D'ailleurs, je vois que ton papa a un très joli chapeau. Bonjour Monsieur Girafe !

Monsieur Girafe : Bonjour Peppa ! Et bonjour Georges, et bonjour Monsieur et Madame Pig !

Papa Pig : Bonjour Monsieur Girafe ! Dites-donc, en voilà un beau chapeau ! Il m'en faudrait un exactement comme le vôtre. Où l'avez-vous acheté ?

Monsieur Girafe : Au magasin de Monsieur Fox, justement. C'est effectivement un très joli chapeau, j'en suis très content. Vous voudriez l'essayer ?

Papa Pig : Si j'arrive à me frayer un chemin jusqu'à vous… C'est qu'il y a du monde aujourd'hui !

Peppa : Oui, et que tu as un gros ventre, papa !

Papa Pig : Pas du tout, je peux sans difficultés me fauf… Aïe ! Oups ! Pardon !

Peppa : Papa, tu as bousculé tout le monde et tu as même écrasé les pieds de Monsieur Girafe !

Maman Pig : Peppa, tu sais bien que Papa Pig est maladroit… Excusez-le, Monsieur Girafe, c'est qu'il aime vraiment votre chapeau.

Georges : Grouik grouik ! Dinosaure !

Peppa : Enfin Georges, Monsieur Girafe a peut-être un long cou, mais ce n'est pas une raison pour l'appeler « dinosaure ».

Maman Pig : Hem… Je crois qu'on est arrivé à destination, les enfants. Dites au revoir à Monsieur Girafe et à Gérald.

Peppa : Au revoir Gérald ! Au revoir Monsieur Girafe !

Gaston et M. Girafe : Au revoir Peppa !

Georges : Grouik grouik !

Malheureusement, Monsieur Fox n'a plus de chapeaux dans son magasin. Il a vendu le dernier à Monsieur Girafe. Papa Pig est contrarié.

Papa Pig : Il faut à tout prix que je retrouve Monsieur Girafe ! Peut-être voudra-t-il bien me céder son chapeau ? Peppa, est-ce que Gérald t'a dit où il se rendait avec son papa ?

Peppa : Oui, ils allaient à la gare pour chercher Madame Girafe.

Papa Pig : Parfait, c'est juste à côté ! En passant par le raccourci que je connais, on y sera dans une minute !

[...]

Peppa : Papa, ça fait deux heures qu'on tourne en rond… Tu ne voudrais pas prêter le plan à maman ?

Georges : Grouik grouik !

Papa Pig : Bon, d'accord, je reconnais m'être un tout petit peu trompé…

Maman Pig : Attendez ! Ne serait-ce pas Monsieur et Madame Girafe, avec Gérald Girafe, là-bas au loin ?

Peppa : Si ! Hihi !

Papa Pig : Vous voyez, je savais qu'on était sur le bon chemin… Courons vite les rattraper !

Madame Girafe : Bonjour tout le monde, et merci d'être venus me chercher. Je ne m'attendais pas à un tel comité d'accueil ! Oooh, Papa Girafe, ferme vite cette veste, tu vas attraper froid !

Tous : Hihi ! Haha ! Héhéhé !

Du grec *πάλιν* (pàlin : « en arrière ») et *δρόμός* (drὸmos : « course »), un palindrome est une phrase, un mot ou un nombre pouvant se lire indifféremment de gauche à droite ou de droite à gauche. Ainsi, « 1991 », « radar » ou « kayak » sont des palindromes, tout comme la phrase « Ce reptile relit Perec ». Si l'on doit à ce dernier (Perec, pas le reptile) un célèbre texte palindromique de 1267 mots (5 566 lettres), il a depuis été « battu » par Pol Kools dont le « palindrome de Saint-Gilles » ne comporte pas moins de 2 119 mots. Toujours pas impressionnés ? En 2020 vient de paraître *Sorel Éros*. Véritable ovni littéraire, prouesse ahurissante réalisée par Jacques Perry-Salkow et Frédéric Schmitter (Payot & Rivages), ce conte poétique prend la forme d'un palindrome de 10 001 lettres (nombre évidemment palindrome). *Wow* !

Palindrome

Tribute to Pol K,2004

Ici, à ce *S* su. « *Ah ! Sus !* » Se drape ce gars à ce décati bus. « *I'm a loser à gorge longue…* » Litanie. Il peste et se plie, rage, hèle : « *Tìo ! Mes petons !* » Ce mec rue, la vertu à demi, le bob élimé. D'autre valeur, ce mec ! S…

Note – PS :

Émoi tel : « *Ehé ! Gare !* » Il peste et se plie, in. (A-t-il eu gnôle ? Grog ? Ares ?) Ô, l'ami, subit, a cédé ça : « *S… Rage, ce pardessus ! Hausse ça, ici !* »

La « contrainte du prisonnier », due apparemment à l'oulipien Paul Fournel, impose d'écrire « *sans hampes ni jambages* ». En ayant à l'esprit l'image d'un prisonnier ne disposant que de peu de papier pour écrire son message et voulant de fait l'utiliser au maximum, cette contrainte interdit donc d'utiliser les lettres montantes et descendantes. Il s'agit ainsi d'un lipogramme en b, d, f, g, h, j, k, l, p, q, t et y. Par pur rigorisme, on proscrira également les i (le point dépasse un peu), les lettres accentuées, les cédilles et les apostrophes. On se prive en réalité de la moitié de l'alphabet puisque seules 13 lettres sont finalement autorisées : a c e m n o r s u v w x z.

Taulard

Tribute to Michael S & Lincoln B, 2005

un car s ras va vers nous. on ouvre. nous, on se serre au max en ce macrocosme sonore. vacarme. un mec au cou comme un morne meneau a une couronne cocasse avec un macaron. ce mec maronne, menace. ce con assure : on assomme, on use, on casse son sous-œuvre. en ce cas, ce mec nerveux va sur une causeuse.

sur ce. une occurrence commune, encore. sur une cour : encore ce con. son amoureux annonce au mec connu, vers sa vareuse : annexes-en un nouveau sous ce cou mon coco.

Au loin, le bus 84 se fait entendre. Il ouvre ses ouïes par lesquelles je m'y engouffre, parmi une foule dense. Un jeune homme, cachant ses oreilles sous un drôle de chapeau orné d'une cordelette, donne de la voix contre son voisin. De son cou démesuré sort une plainte qui commence à casser les oreilles de tout un chacun. L'oreille basse, son interlocuteur n'en croit pas ses oreilles : il est accusé de marcher sur les pieds de l'autre grande gueule. Alors que le bus reste muet, l'homme au long cou va finalement s'asseoir.

Devant la bouche de la gare Saint Lazare, deux heures après, je le revois par hasard en conversation avec un ami. Ce dernier lui tira les oreilles en l'intimant de promptement faire rajuster son veston.

LSF

Tribute to Charles Michel de l'E, 2005

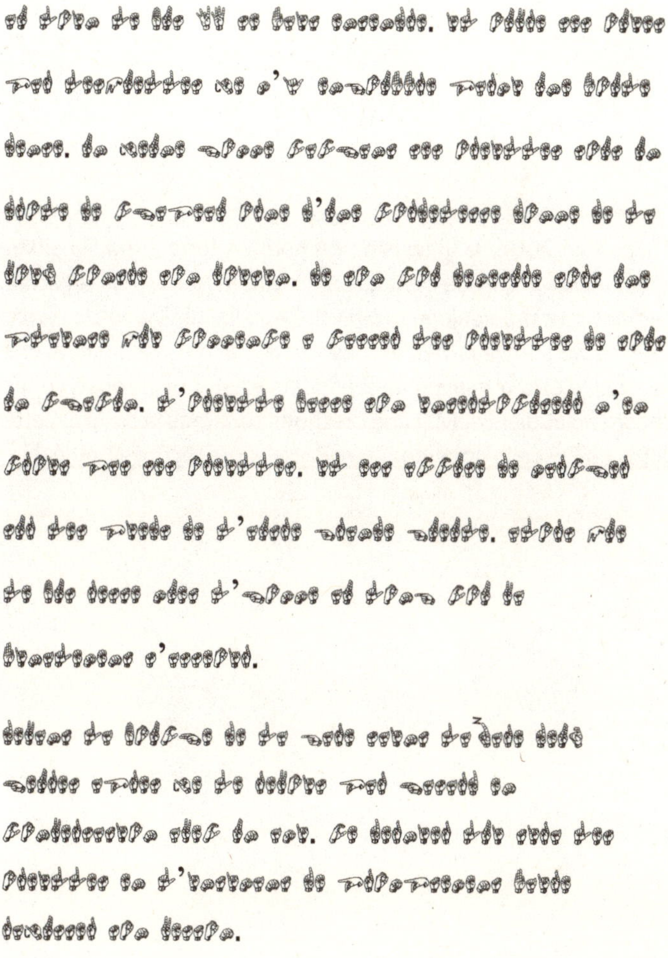

Lancée en 2005, la Télévision numérique terrestre a sensiblement élargi le PAF. Ce n'est pas pour autant que la TNT a parfaitement réussi à conjuguer quantité et qualité. D'abord… parce que ce ne sont pas des verbes, mais surtout car nous avons le droit d'être *a minima* circonspects lorsque l'on observe les records d'audience. Mais ne crachons pas dans la soupe : cette offre télévisuelle nous donne matière à rire, écrire et réfléchir.

Programme TV

Tribute to la TNT, 2005

Chaîne personnalisée – Canal 84

Les Douze Coups de midi [Jeu TV – France]

Le Bus magique [Dessin animé – Canada]

Point route [Culture / Info – France]

Face à la bande [Émission / Jeu TV – France]

Le Rebelle [Série – USA]

Chapeau melon et bottes de cuir [Série – GB]

Thaïlande : les femmes girafes [Documentaire – Pologne]

Apostrophes [Émission / Magazine littéraire – France]

Histoire de souliers [Documentaire – France]

Ça se dispute [Culture / Info – France]

Tout le monde veut prendre sa place [Jeu TV – France]

500 euros plus tard [Émission / Magazine déco – France]

Avez-vous déjà vu ? [Animation / Humour – France]

Le Rebelle (redif.) [Série – USA]

Avis de sorties [Culture / Info – France]

Nouveau look pour une nouvelle vie [Magazine mode – France]

Le Service après-vente des émissions, dans lequel Omar Sy et Fred Testot sévirent entre 2005 et 2012, incarne plutôt bien l'esprit Canal à son époque faste. L'humour joue souvent sur le comique de répétition et les personnages du SAV sont déjà tellement caricaturaux qu'il est plutôt aisé d'en saisir les traits langagiers principaux afin de les parodier.

Je n'en suis d'ailleurs pas à mon coup d'essai en matière de parodie du SAV… Lors de l'année scolaire 2016-2017 avec mes CM2 de l'école Olympe de Gouges, que je profite de saluer ici, nous avions réalisé une vidéo caricaturant le SAV d'Omar et Fred pour présenter notre nouvelle, qui venait fraîchement d'être publiée parmi une dizaine d'autres écrites par des élèves montpelliérains dans le cadre du projet *Les Mystères de Montpellier*. Si vous aimez les écrits oulipiens, ne manquez pas d'aller faire un tour sur www.reseau-canope.fr/notice/les-mysteres-de-montpellier-tome-8.html et de découvrir notre histoire.

SAV

Tribute to Omar & Fred, 2005

– Service après-vente bonjour !

– Dis-donc, tu viens plus aux soirées... ?

– Ben non, j'écris un bouquin en ce moment, j'ai plus trop le temps…

– C'est dommage, on a fait une soirée RATP l'autre fois. Je peux te dire qu'il y avait du monde, là-dedans ! Je l'ai bien sentie, l'heure de pointe !

– Service après-vente bonjour !

– Bonjour, vous me reconnaissez ? Mais si, c'est moi : Super-Connard ! J'ai un cou dix fois trop long alors je prends les gens de haut et je les agresse dans le bus parce que je trouve qu'il y a trop de monde. « *Dites-moi, jeune indigène, veuillez retirer vos pieds illico presto de mes chaussures cirées !* » Super-Connard, Super-Connard ! Ah oui c'est moi ! « *Illico presto, j'ai dit !* »

– Service après-vente bonjour !

– *Sassa Yoyo ! Sé li y a sous lé grand sapeau ? Sassa Yoyo, sans la tête c'est lé damoiseau…*

– Dis-donc Maryse, je viens d'avoir Doudou Cordy au téléphone, là... C'est vachement bien !

– Service après-vente bonjour !

– Bonjour. Dites-moi, juste une précision… Si je veux aller m'asseoir dans le bus mais qu'il y a des secousses, il faut bien que j'agrippe fermement la barre ?

– C'est ça, il faut bien la saisir à pleine main, puis laisser glisser sa main tout le long jusqu'à en attraper une autre. Bien la saisir ! Glisser sa main ! Bien la saisir !...

– Oh, un pantalon tout neuf…

– Service après-vente bonjour !

– Bonjour, vous me reconnaissez ? Mais si, c'est moi : c'est Super-Connard !

– Quoi, encore vous ?! Mais vous n'allez pas appeler toutes les deux heures, quand même ?...

– C'est moi, je me promène, devant la gare, avec mon chapeau, et je me permets de donner des conseils vestimentaires à chacun de mes amis. *« Tu devrais rajouter illico presto un bouton à ton pardessus, mon brave ! »* Super-Connard, Super-Connard ! Ah oui c'est moi ! *« Illico presto je t'avais dit ! »*

Difficile pour le novice de pénétrer les arcanes du macrocosme que représente la twittosphère. Il a ses codes, ses règles strictes, son étiquette propre. Ce réseau social créé en 2006, qui revendiquait dix ans plus tard plus de 300 millions d'utilisateurs par mois et ce dans une quarantaine de langues, est à lui-même un exercice de style.

Tweeter est en effet écrire sous contrainte. Contrainte d'espace d'abord : seulement 180 caractères jusqu'en 2017, 240 depuis (ce tweet compte d'ailleurs exactement 240 caractères espaces compris) ; mais aussi impossibilité de corriger un tweet envoyé. Par ailleurs, ce cyberlangage s'est doté d'outils communicationnels qui décuplent les possibilités. En retweetant avec un commentaire, en interpellant telle personne via son « @ » ou en utilisant les fameux hashtags (« mots-dièse »), on touche à diverses fonctions du langage qui d'ordinaire sont exclues à l'écrit. Une sorte de sous-texte ou de paratexte qui permet de donner, seul, l'illusion du dialogue. Ce que des linguistes ont d'ailleurs décrit sous le nom de « dialogisme »

Gazouillis

Tribute to Noah G, 2006

Raymond Queneau @RaymondQ

La #FashionWeek n'est pas dans le bus... le #civisme non plus wsh ! C'est pas en vrai Paris c'est un village ? #DéjàVu FAV si t'es d'accord. RT appréciés (je follow back). @RATP_Bus #Ligne84 #GareStLazare #BoutonsSurTaGueuleMaisPasSurTaVeste

10:36 PM · Nov 7, 2020 · Twitter for iPhone

2 2

Avec son franc-parler et son fameux « marouflage », il n'aura échappé à personne que Valérie Damidot peut se targuer d'avoir un langage suffisamment marqué pour lui être personnel et donc distinguable d'un autre. Inimitable ? Pas si sûr...

D&CO

Tribute to Valérie D, 2006

Alors mes p'tits loulous aujourd'hui on va aider William, qui depuis l'incendie de sa tente Quechua est obligé de loger toute sa petite famille dans un autocar délabré…

Mon Willou, j'avais pensé personnaliser ce bus dans des tons taupe et framboise écrasée, et sur la carrosserie, on va coller en lettres effet boule à facettes les initiales RATP et le nombre 84 pour garder un peu de cohérence. À l'intérieur, je me disais qu'il faudrait d'urgence *homestager* la pièce à vivre qui manque cruellement d'espace ! Trop de fauteuils, pas assez d'optimisation de la place disponible malgré de très beaux volumes… On est un peu les uns sur les autres, ici ! Je verrais bien deux-trois cloisons en BA-13 pour dégager les angles, qu'on customisera avec des stickers pour créer un espace bureau/bibliothèque un peu *lounge* dans le fond, et un *dressing* ici pour ranger les écharpes et les chapeaux de monsieur. Attention Frédo, t'es en train de lui maroufler ses chaussures, au monsieur ! Allez vite vous asseoir pour commencer la peinture au lieu de vous battre, petits galopins ! Et on se bouge un peu les fesses parce que je reviens vous voir dans deux heures !

[…]

Alors mes p'tits lapins, pour la déco/peinture du plafond, j'ai fait venir Jean (et son entreprise « *Jeannot la Paint* ») qui a fait spécialement le déplacement pour nous. Bon, comme William nous avait dit qu'il aimait la sobriété et la légèreté, on s'est dit : légèreté = plume, plume = indiens et indiens = trains. Donc Jeannot va reproduire une vue aérienne de la gare Saint-Lazare à la gouache soufflée thermorésistante. Vous verrez c'est tip-top mes chatons ! William, je te laisse donc entre les mains de Jeannot, il va te donner deux-trois conseils pour rajuster ton bleu de travail et pour passer correctement la sous-couche. *Kiss love* et à tout à l'heure mes chéris !

Ou l'art de narrer une histoire en glissant de façon plus ou moins (surtout moins ?) subtile le maximum de références à des séries télévisées.

Les 38 références sont :

Les Simpson - Drôles de Dames - Popular - Les 100 - Prison Break - Breaking Bad - Le Rebelle - American Dad - Will & Grace - How I Met Your Mother - Tunnel - Engrenages - Game of Thrones - Dexter - Friends - My name is Earl - L'Homme qui valait 3 milliards - Chapeau Melon et Bottes de Cuir - Bref. - Heroes - Charmed - Le Caméléon - Big Bang Theory - Weeds - Desperate Housewives - Arrow - Une place a prendre - The Walking Dead - Les Revenants - X-Files - The Sentinel - Danger imminent - Homeland - A la Maison-Blanche - V - Demain a la Une

Les nombres qui apparaissent dans l'ordre, dans le texte, sont : 4, 8, 15, 16, 23 et 42, des nombres récurrents dans la série *Lost*.

Les premières lettres de chaque phrase forment en acrostiche la phrase « *I want to believe* », inscrite sur le poster derrière le bureau de Fox Mulder dans la série *X-Files*.

Tueur en séries

Tribute to Dexter M, 2006

Il était au moins aussi perché qu'Otto le conducteur de ce bus – c'était le 4 je crois, ou bien le 8, enfin quelque chose comme ça – et un drôle de damoiseau se distinguait parmi la foule populaire qui faisait les cent pas en attendant de monter. William il s'appelait le gars, avec un tatouage dessinant un plan qui courait tout le long de son cou. Agitant son *pork pie hat* anthracite qu'il avait entouré d'une tresse, le rebelle a attendu midi 15 – ou peut-être 16 – pour accuser son voisin d'être un expert ès cassage de pieds, prétextant qu'il lui aurait écrasé ses Stan Smith. N'ayant pourtant guère plus de 23 ans, Will, sans grâce, lui a même lancé avec aplomb : « *I'm the one who knocks !* » Tandis que c'était « *slapsgiving* » dans le bus, j'espérais voir le bout du tunnel mais l'engrenage s'accéléra et, tel un Lannister, il paya sa dette et le bouscula à son tour, plus fort encore, avec une certaine dextérité. Tranche de vie peu banale : à hauteur du Central Perk et du Crab Shack, cet homme au chapeau melon qui ne valait pas trois milliards est passé devant une Milf à la Nancy Botwin et une petite vieille genre Karen McCluskey pour se jeter comme une flèche sur une place à prendre, tel un *walker* sur une carcasse. On voyait bien que ce jeu des trônes n'amusait plus personne, alors j'ai laissé tout le monde sur ce *cliffhanger* intenable en quittant le bus.

Bref. Est-ce que deux heures étaient passées ; moi il m'a en tout cas semblé que, comme avec Hiro ou Piper, le temps s'était figé. Libre à vous de le croire mais sachez que dans le centre (de Paris, pas de Bluecove), cour de Rome devant la gare Saint-Lazare – karma, théorie du Big-Bang ou loi des séries – j'ai revu ce même homme (un revenant !) en compagnie d'un ami qui déambulait clope à la bouche : j'ai eu droit à un *spin-off* de l'épisode du midi ! Il se retourna vers l'homme à la cigarette et l'écouta d'une oreille attentive, avec l'acuité d'un Jim Ellison. Est-ce qu'il le mettait en garde contre le danger imminent qui menaçait la *Homeland Security* à la Maison-Blanche ? Voulait-il simplement lui donner un conseil en lui indiquant d'ajouter un bouton au col en V de sa veste ? En réalité, je connaissais la réponse puisque je m'étais répété cette histoire presque une centaine de fois depuis que je l'avais lue ce matin même dans le *Chicago Sun Times*, à la page 42.

Là encore, comme pour Twitter, l'immédiateté et la diversité des interactions permettent d'appréhender certaines fonctions du langage qui jusqu'ici étaient difficilement palpables à l'écrit. D'où le fait que cette cyberlangue se rapproche souvent ouvertement, dans sa syntaxe et sa grammaire, d'un français oralisé (absence de la double négation, recours fréquent au pronom « on » ...)

Facebook timeline

Tribute to Mark Z, 2006

Raymond Q était à bus 84

« Ah qu'est-ce qu'on est serré, au fond de cette boîte... » (air connu)

99 personnes aiment ça

William vous a envoyé un *poke*

Raymond Q a écrit sur le mur de William

Tu me *pokes* encore et je te pète les rotules et te fourre ton galurin dans le fondement. L'orteil c'était qu'un avertissement fdp.

André B a écrit sur votre mur

Bordel t'as toujours pas été *kickban* des #Surréalistes toi ?!

Raymond Q était à gare Saint-Lazare

Just like an impression of déjà vu...

99 personnes aiment ça

> **André B**
> Arrête de te la raconter avec ton frangliche...
>
> **William** vous a envoyé une invitation à Candy Crush Saga
>
> **André B**
> Bordel William, tu tends vraiment le bâton... Tu ferais mieux de t'acheter des habits plutôt que de jouer à Candy Crush !
>
> Vous et 74 amis aiment ça
>
> **Raymond Q**
> C'est clair tu manques trop de *swag*.

Il semblerait que le terme de « bobo » ait subi ces dernières années un léger glissement sémantique péjoratif, celui-ci accentuant l'aspect « bourgeois » au détriment du « bohême ». Encore que... le tableau que dresse Renaud des bobos dans sa chanson sortie en 2006 n'est déjà guère élogieux. Mais le bobo de Renaud est-il le bobo d'aujourd'hui ? Est-il celui du sociologue Michel Clouscard, qui créa ce néologisme en 1973 ?

Bobo

Tribute to Renaud, 2006

Attends j'étais *jet-lagguée* grave depuis mon retour de Berlin et je devais passer chez Constance, tu sais celle qui est CM chez *Innocent* et qui vit avec Jean-Benoît, le designer d'espace ? *Nevermind*... Je voulais éviter le *sub* et les frotteurs de Châtelet mais y avait plus de Vélib' à parc Monceau. Genre : ok, c'est pas mon jour... Bon, j'ai compris tu vois, du coup je fais ma prolo et je prends le bus. Attends c'était le rush grave, j'en ai laissé passer deux qui étaient sur-blindés de chez blindés et là je monte enfin. So... Là, je tombe sur un mec avec un cou, mais attention a-bu-sé-ment long qui s'embrouille avec un autre, genre d'ac-cord !... En même temps je l'aurais bien défoncé moi aussi ce zadiste de base qui se la jouait Mitterrand avec son chapeau et son écharpe ! Non mais attends quoi, ça devrait être in-ter-dit de s'habiller comme ça ! Et de se faire appeler William ! C'est *so eighties* ! *Anyway*... Attends, deux heures later, juste le temps d'avaler un smoothie et je devais récupérer Léandre et Anatoline à Saint-Lazare pour aller bruncher. Là, non mais attends quoi, je tombe sur LE gars du bus, t'avais un autre mec qui par charité lui conseillait d'au moins customiser sa veste a-bo-mi-na-ble.

Thierry Hazard – Le Jerk (1989)

Chamillionnaire – Ridin' (2005)

Patrick Sébastien – Les Sardines (2013)

Annie Cordy – Tata Yoyo (1980)

Emile & Images – Maîtresse (2000)

Renaud – À la Belle de Mai (1994)

Michel Polnareff – Ne me marchez pas sur les pieds (1966)

Sexion d'Assaut – Wati by night (2010)

Diam's et Vitaa – Confessions nocturnes (2006)

Blindtest

Tribute to Nagui, 2007

Et quand Roger sort du bureau, il prend le bus de 18 h 17…

They see me rollin'
They hatin'…

Ah qu'est-ce qu'on est serré au fond de cette boîte
Chantent les sardines, chantent les sardines…

Tata Yoyo, qu'est-ce qu'il y a sous ton grand chapeau ?...

Maîtresse oh ma maîtresse, ne touche pas à mes tresses…

C'était une belle nine
Au long cou de galline
L'avait dû la furer
Au poulailler
Y fait le fier le parigot…

Et si vous restez
N'essayez pas de me marcher sur les pieds
Oh oui croyez-moi
C'est bien mon droit…

J'ai vu une tate-pa partir au ralenti
Ça s'insulte ça se bouscule ça zappe la galanterie…

Mel, assieds-toi, faut qu'j'te parle…

Dub Inc. – Laisse le temps (2010)

Akhenaton – Éclater un type des Assedic (1995)

Aristide Bruant – À Saint-Lazare (1887)

Shy'm – Déjà vu (2010)

Téri Moïse – Ce Conseil (2003)

Sean Paul – Straight Up (2005)

Laisse le temps effacer nos peines,
Peut-être qu'un jour on se recroisera…

Deux heures après, je descends
pour chercher mon courrier
Là commence le premier courroux de la journée

Si tu t'faisais coffrer, un soir,
Dans une bagarre,
Y a pus personne qui viendrait m'voir
À Saint-Lazare !

Un air de déjà, d'jà vu
Et l'histoire qui se répète encore

Si cette scène
Te gène
Oh non
Écoute ce conseil…

Straight up, right up, straight up, right up

Les spécificités propres à l'écriture du rap ont déjà été évoquées dans la version *Rap US*. Ici cependant, c'est encore un autre aspect de ce genre qui est mis en avant : l'ego trip. Ce terme désigne dans le rap une figure de style qui consiste au fil de son texte à s'autocongratuler et à vanter ses propres mérites en qualité autoproclamée de meilleur rappeur au monde. Les raps en mode « ego trip » peuvent donner lieu à la naissance de *clashs* entre rappeurs, et c'est d'ailleurs le principe des *battles*.

Inspirée de l'animosité entretenue entre les chanteurs Booba, Lafouine et Rohff, cette version reprend donc l'esprit des *battles* et des règlements de comptes par chansons interposées. Son *flow* tente modestement de faire écho à ceux de Lafouine (*Autopsie 5*, 2013) et Booba (*AC Milan*, 2012 ; *Pitbull*, 2007) pour le texte et à celui de Sinik (*Je réalise*, 2007) pour la mélodie et la prosodie.

Rap français

Tribute to Elie Y & Thomas I, 2007

Dans mon secteur, soixante-seize

Toi-même tu sais combien je pèse

Donne-moi le mic que je le baise

Donne-moi tes Nike et tout ton pèze !

Dans c'bus de téc', mets-toi à l'aise

Ça pue la *hess* et la merguez

Y a ta daronne en charentaises

'Spèce de bolosse qui t'crois balaise !

Frérot vas-y, ramène ta fraise

Tu pars en couille, y a un malaise ?

Tu te crois dur comme ALK-13,

Pour moi t'es mou comme en Corrèze !

Va vite t'asseoir sur cette chaise

Ou j'te fais bouffer ta prothèse !

Quand je serai *número diez*
Tu chanteras la Marseillaise…

Avec ton cou démesuré
Tu s'ras « opé » pour me sucer !
Mes *punchlines* ne font que fuser
Dans c'*game* l'entrée t'est refusée !
Pour faire ma place j'ai dû ruser,
Toujours sur l'banc des accusés,
Mon rap est *swag*, c'est abusé !
J'te bouscule ? J'vais pas m'excuser !
Fais pas genre ! Tu n'sais pas raper
Pour tes *kheys*, tu sais pas t'saper,
J'm'abaisserai pas à te taper
Tu tombes tout seul du parapet !
De Panthéon à Champerret,
Les rageux, j'vais les tempérer,
Du peu-ra on va s'emparer,
Le mic on va l'accaparer !

À 18 ans, Maxime Valette lance en 2008 « VieDeMerde » (VDM), un site humoristique qui compile des anecdotes du quotidien, drôles et cocasses, qui partagent le fait de se terminer immanquablement mal (d'où le nom).

Outre la brièveté, ces anecdotes répondent à diverses contraintes : commencer son texte par « Aujourd'hui... », utiliser des phrases courtes et introduire la dernière par le mot « Pour... ».

VDM

Tribute to Maxime V & Guillaume P, 2008

Aujourd'hui, comme tous les jours, je prends le bus. Comme tous les jours, je me fais bousculer et piétiner. Sauf qu'aujourd'hui, ç'avait l'air tellement intéressant qu'un type me regardait et prenait des notes. Manquerait plus qu'il en fasse un bouquin ! Pour mes nouvelles baskets abîmées…

VDM#84

Aujourd'hui je dois retrouver un ami près de la gare. Comme d'habitude, je dois supporter ses vannes à propos de mon look : mon cou trop long que je devrais cacher, mes nouvelles baskets déjà salies, mon chapeau ridicule, ma veste mal ajustée… Sauf qu'aujourd'hui, je n'étais pas le seul témoin de ses moqueries. Non, il y avait aussi le même type du bus, qui nous regardait. Et encore une fois, il prenait des notes. Pour mon pouvoir d'attirer les gens bizarres…

VDM#99

Ce texte circulait sur la toile au début des années 2010 : la soi-disant « dégradation de Cambridge ». Selon une prétendue étude de ladite prestigieuse université, l'ordre des lettres dans un mot n'importerait pas ou peu quant à la lecture de celui-ci, tant que la première et la dernière lettre sont conservées. Les auteurs anonymes et gestaltistes de ce texte considèrent que la vision globale du mot comme un tout l'emporte sur la lecture lettre à lettre. Soit, je ne me risquerais pas à débattre de cela ici (Thierry Orpillard en parle d'ailleurs expertement dans *Les Actes de Lecture n°102* - juin 2008, disponible en ligne).

Quoi qu'il en soit, on peut en extraire une contrainte qui s'attacherait à écrire en remplaçant chaque mot par un de ses homographes par permutation de ses lettres en conservant cependant la première et la dernière (ce qui la différencie donc de la version « Anagrammes » de Queneau). Le but serait alors, selon, de trouver l'homographe le plus lisible, ou au contraire le plus incompréhensible. Pour *exercice* par exemple, il est plus aisé de lire *eexricce* que *ecicrxee*.

Cambridge

Tribute to Thierry O, 2008

La snèce se dréuloe à brod d'nu atuoubs prasiein axu aneluotrs de mdii et qruat. Un idnidivu anyat une gogre egéxarénemt lnuoge se pilnat qeu sno visoin liu éracse lse pdeis cahuqe fios qeu de nuvoeuax psasgares mtnonet dnas le bsu. Il a nu dôlre de cpahaeu aevc uen crdoeltete en gisue de rbaun, ce qiu ne mnqaue psa d'aittrer mno aettnoitn. Arèps aivor pseté pndenat pusluries mniuets, l'hmome au lnog cuo s'aessiot fanimelnet sru uen pacle dveneue ftoriuetnemt lbire.

Evinorn duex hurees puls trad, aorls qeu je dmaéulbiat sru le prvais ed la grae Sniat-Lzarae, j'ia ue la srurpsie ed rvieor le mmêe idnidivu. Un aim liu cnosllieiat, à jstue trirte, ed fiare rujatesr le btuoon sépurueir ed son pdarsseus.

Je suis prêt à parier que vous avez lu cette version « avec le ton ». Quel ton ? Celui que l'on prend lorsque l'on dit « Et là... c'est le drame. » Ce ton uniforme et standardisé si caractéristique d'un certain type de journalisme de reportage. Au-delà de cette phrase éculée au point de devenir un « mème linguistique », de réels phénomènes sont soulevés à travers cette version. Elle fait en effet écho à un terme popularisé à la fin de l'année 2020 : la « glottophobie ». Désignant toute discrimination linguistique, la glottophobie peut donc prendre diverses formes dont par exemple celle de hiérarchiser ou de dénigrer tel ou tel accent. Car ne vous leurrez pas : vous avez tous un accent (oui, même vous, les Parisiens). Néanmoins, en vertu (ou devrais-je dire « en vice » ?) de cette glottophobie, c'est un certain français qui s'est imposé dans les médias comme la « norme », excluant quasiment de l'antenne les accents dits régionaux au profit d'un français parisien.

Outre l'accent, c'est la prosodie même du journaliste (le débit, l'intonation, la ponctuation) qui va être standardisée au point que ces reportages sont souvent parodiés.

90’ Enquêtes

Tribute to Carole R, 2009

Pickpockets, drogue, violence : La RATP sous haute tension

Paris, 12 heures 17. Raymond, 44 ans, s’apprête à prendre le bus pour rentrer déjeuner chez lui, comme tous les jours après une longue matinée de travail. Alors que l’autocar RATP de la ligne 84 s’approche de l’arrêt, nous pouvons constater qu’il semble déjà… saturé. Nous posons tout de même la question :

« – *Et c’est souvent comme ça ? Au niveau du monde dans le bus ?*

« – *Eh bien, comme d’habitude, le bus est plein. C’est toujours difficile de se frayer un chemin pour y rentrer. Ça m’est même déjà arrivé qu’un chauffeur refuse de me laisser monter : plus de place ! Alors que c’est un horaire où les gens ont besoin de se déplacer. C’est aberrant !* »

Pour les besoins du reportage, nous suivons Raymond en caméra discrète et embarquons à bord de l’autocar. Après plusieurs arrêts, nous sentons une agitation au milieu du bus. Ce jeune homme d’environ vingt-cinq ans à gauche de l’écran – nous l’appellerons « l’homme au chapeau » – affichait déjà un comportement suspect depuis plusieurs minutes à cause de ses protestations répétées. Il interpelle un autre usager. Le ton monte entre les deux, des insultes fusent. Autour, les passagers n'osent réagir. Ils font mine de ne rien voir.

« – C'est toi qui vas me repayer mes Adidas à 200 euros, fils de ~~biiip~~ ?! Hé ~~biiiiip~~, ça t'amuse bien de me marcher sur les pieds à chaque arrêt ! Genre tu fais pas exprès… T'as de la chance qu'y ait des témoins, je t'aurais crevé ! »

Face à la violence de la situation, Raymond nous confie pourtant que c'est monnaie courante à bord des transports en commun.

« – Une fois sur deux. Une fois sur deux je sais qu'il va y avoir des embrouilles dans le bus. Alors j'essaie de rester loin, de ne pas répondre, de me faire oublier. On ne sait pas ce qui peut arriver… »

L'homme au chapeau finit par se jeter sur une place devenue libre, en bousculant au passage cette dame en vert sur la droite de l'écran, visiblement d'un certain âge. Nous pouvons alors distinguer, sur le cou plutôt imposant de l'agresseur, un large tatouage. Sans doute le signe d'appartenance à l'un des nombreux gangs, qui gangrènent aujourd'hui la capitale.

Voulant en savoir davantage sur l'identité de l'auteur de ces violences, nous décidons de prendre l'homme au chapeau en filature.

[…]

Deux heures plus tard, c'est devant la gare Saint-Lazare que nous retrouvons le jeune homme au caractère… plutôt sanguin. Il fait les cent pas sur le parvis, semblant manifestement attendre quelqu'un. Enfin, cet homme au costume beige s'approche de lui. Ils échangent quelques mots que nous n'entendrons pas. Soudain, l'homme en beige fait mine d'arranger le col de son interlocuteur. Au passage, on le devine sur les images, il dépose discrètement un paquet suspect dans la poche intérieure du blouson de l'homme au chapeau.

À ce moment du reportage, nous ne pouvons pas soupçonner que nous sommes sur le point de mettre le doigt sur un vaste réseau de proxénétisme et de trafic de stupéfiants, qui utilise les transports en commun afin de mailler efficacement la capitale…

Précédés par les émoticônes et autres smileys, les *émojis* (emprunt japonais) apparaissent en 1999 sous le clavier de Shigetaka Kurita. Existe-t-il des enjeux sociolinguistiques liés aux *émojis* ? La réponse est oui, dans la mesure où il s'agit d'une forme de langage à part entière. C'est un langage qui se veut d'abord inclusif puisqu'il parle entre autres, depuis la dernière mise à jour, de couples mixtes ou homosexuels, ou par ailleurs de personnes en situation de handicap.

C'est aussi un langage parfois coquin… À tel point que Facebook et Instagram ont souhaité censurer les *émojis* aubergine, pêche et gouttelettes quand ils sont détournés pour leur connotation sexuelle.

Enfin, c'est un langage militant. Fin 2020, la décision du Consortium Unicode (entité en charge de créer informatiquement les *émojis*) a fait beaucoup de déçus en Bretagne : malgré une exceptionnelle mobilisation de ses internautes, le « Gwenn ha du » (drapeau breton) ne rejoindra pas la liste officielle des *émojis*. ☹

Emoji

Tribute to Shigetaka K, 2009

Il y aurait bien matière à dire sur le langage de la cuisine, à commencer par son lexique, très riche car visant la précision, qui va offrir un nouveau sens à toute une flopée de termes. Comme il s'agit d'un métier d'actions, ces mots sont essentiellement des verbes (abaisser, foncer, blanchir, réserver...), des substantifs (appareil, chinois, fond, parure...) et quelques adjectifs associés (blanchi, poché, tranché...).

Au-delà du lexique même, c'est la syntaxe des phrases et les codes du dialogue qui vont être chamboulés. Si vous êtes friand d'émissions culinaires, il ne vous aura sûrement pas échappé que l'organisation d'une cuisine de restaurant ressemble à ce qui se pratique dans le domaine militaire. On parle en effet d'une brigade, sous les ordres d'un chef, d'un sous-chef (ou second) puis d'un chef de partie. On doit cette hiérarchisation et cette répartition méthodique des tâches à Auguste Escoffier, « roi des cuisiniers » et « cuisinier des rois » ayant théorisé, à la fin du XIXe siècle, l'organisation en cuisine après son passage dans l'armée.

Dans cette version, ce ne sont toutefois pas tant ces aspects qui ont été mis en exergue. Ce n'est pas non plus ni le lexique gastronomique ni le jargon des bouchers (le « loucherbem »), tous deux explorés par Queneau dans ses *Exercices*. Ici, il s'agit davantage d'ironiser sur certains clichés des émissions culinaires popularisées par Cyril Lignac et autre Philippe Etchebest. Clichés d'ailleurs tenaces, au point qu'ils se sont peu à peu invités dans l'intimité de nos cuisines. « Partir sur », « revisiter », « donner du peps », « parti pris » ... autant d'expressions incontournables qui ont peu à peu su s'imposer.

Top Chef

Tribute to Cyril L, 2010

Raymond, le seul chef étoilé de la compétition, joue gros sur cette épreuve. Malgré sa technique irréprochable, saura-t-il tout de même surprendre le jury ?

– Donc moi je suis parti sur une déclinaison de poireau en sucré-salé. Je pense que ces associations, en bouche, ça peut bien marcher, j'espère qu'ils trouveront ça malin. C'est un parti pris, je sais que là je prends des risques… En fait je vais essayer de revisiter le poireau vinaigrette façon trompe-l'œil, à mi-chemin entre le Paris-Brest et l'opéra. Moi je veux que mon plat raconte une histoire. Ce dont j'ai envie c'est donner du plaisir, c'est faire voyager le jury. J'espère que je vais les embarquer dans mon bus infernal qui va tout écraser pour me propulser en finale. Je sais qu'on est nombreux et qu'il y a peu de place, mais là je suis au taquet !

William, le benjamin du concours, veut montrer au jury qu'il a bel et bien sa place dans les phases finales de la compétition. Il entend bien défendre sa position d'outsider…

– Alors moi je vais partir sur des pieds de porc légèrement *snackés*, que je vais accompagner avec une petite déclinaison d'asperges, pour donner de la longueur en bouche. Et par-dessus, je vais monter un petit médaillon de foie gras que je vais entourer d'une tresse de figues marinées au Banyuls pour donner du peps et du croquant, plutôt que de mettre simplement un ruban de sauce.

[...]

– Bon, je me suis fait bousculer par les remarques du jury donc j'en ai un peu oublié ma recette. Mes pieds de porc ils sont plus que *snackés* là, c'est presque de la bouillie... Faut pas que je m'énerve et que je cède à la panique, faut vite trouver une solution ! Je vais me poser un peu et voir comment je peux rattraper ça et montrer qu'il y a du travail dans mon assiette. À ce stade-là du concours, une erreur, ça ne pardonne pas, je vais devoir faire attention à mes assaisonnements, et va falloir assurer mon dressage. En fait, si je fais ce concours, c'est surtout pour ma mère alors je vais rien lâcher, là je suis en mode « machine de guerre », quoi ! Allez allez allez !

William, on ne s'attendait pas à le voir encore là après deux semaines de compétition. Mais il a su nous surprendre et il est toujours présent aujourd'hui pour cette épreuve un peu spéciale sur le parvis de la gare Saint-Lazare. Il nous a sorti un plat-signature avec des traceurs émotionnels forts, comme les pieds de porc, l'asperge, le médaillon de foie gras... Esthétiquement c'est beau, c'est gourmand. Il y a du moelleux, il y a du croquant, la petite sauce vient apporter un peu d'acidité pour que ça explose en bouche, c'est vraiment une interprétation intéressante, c'est tout à fait un plat que je pourrais mettre à la carte de mon restaurant.

Je sais qu'il s'est inscrit à cette aventure pour tester un peu ses limites et qu'il ambitionne l'an prochain de faire le concours de MOF. Si je devais lui donner un conseil d'ami, je dirais qu'il va lui falloir encore hausser le niveau pour pouvoir accrocher ce col bleu-blanc-rouge à sa veste. C'est tout ce que je lui souhaite !

Shortcom (mini-série) humoristique française créée en 2011 par Kyan Khojandi, *Bref.* possède une prosodie et une trame narrative bien particulières, ce qui lui a valu d'être souvent reprise et parodiée.

Bref.

Tribute to Kyan K, 2011

Bref. Ce jour-là j'ai pris le bus alors que… j'aime pas prendre le bus. Mais je devais retrouver un ami à la gare. Pour aller courir un peu. Comme ça, comme tout le monde, je pourrai dire « *ouais, je cours un peu…* ».

Dans le bus il y avait : une vieille debout, qui disait qu'elle était âgée et qu'elle n'était pas assise. Un chômeur en fin de droit, qui disait… qu'il était chômeur et en fin de droit. Et un mec au cou super long. Qui disait rien, mais qui avait un cou vraiment super long.

Je l'ai regardé. Il m'a regardé, et il a vu que je le regardais. Alors j'ai arrêté de le regarder, mais j'étais gêné. Et paniqué. Et comme quand je suis gêné et paniqué je fais souvent des trucs bizarres et stupides, j'ai fait un truc bizarre et stupide. J'ai fait semblant qu'en fait je regardais la barre du bus face à moi, et j'ai appuyé sur le bouton « arrêt demandé ».

Le mec au long cou, il avait en plus un chapeau ridicule, et il s'est mis à se disputer avec son voisin. Je les entendais pas vraiment, mais j'imaginais leur dialogue dans ma tête. Et dans ma tête, le mec au long cou avait un accent anglais prononcé, et son voisin employait plein de jurons rigolos.

(« *Cornegidouille, je ne vous marche point sur les pieds, saperlotte !* »)

Le mec au long cou a fini par aller s'asseoir, en passant devant moi. J'ai pas pu m'empêcher de le regarder. Il m'a regardé, et je me suis senti gêné et paniqué. De nouveau. Alors j'ai fait un truc bizarre et stupide. De nouveau. Comme le bus s'est arrêté vu que j'avais appuyé sur le bouton « arrêt demandé », je suis descendu du bus. Ça, c'était le truc bizarre. Ce qui était le truc stupide, c'est que j'étais loin de la gare. Très loin.

Et que comme j'étais juste parti pour faire de l'exercice, j'avais sur moi qu'un ticket de bus, et j'avais pas de monnaie. Alors je me suis dit que j'allais rejoindre la gare en courant. Et j'ai rejoint la gare, mais...en marchant, parce que c'était quand même beaucoup plus loin que ce que je pensais.

En arrivant devant la gare, vingt minutes...heu, une demi-heure...bon, une heure...ok, deux heures plus tard, j'avais transpiré et j'étais essoufflé après avoir tant... marché. Mon ami n'était plus là. Mais celui qui était là, et c'est rigolo, c'est le mec au chapeau. En fait c'était pas vraiment rigolo, ça m'a un peu fait flipper, parce que j'ai tendance à être un peu parano dans ces cas-là. « Ces cas-là », c'est quand je suis gêné et paniqué. Il parlait avec un ami à lui, et comme j'entendais pas ce qu'ils disaient, je me suis inventé leur dialogue dans ma tête. Et dans ma tête, le mec au chapeau avait toujours un accent anglais prononcé, mais son ami, lui, il zozotait.

(« Ze crois bien que tu devrais zuste razuster un peu le bouton de ton zilet. Z'dis ça, z'dis rien... »)

Bref, j'ai fait de l'exercice.

Voilà un texte qui ferait bondir nombre d'académiciens et autres chroniqueurs du *Figaro* connus pour leurs articles normatifs, voire prescriptifs sur la langue française. Fautes d'orthographe lexicale, de conjugaison, d'accord grammatical ou de syntaxe, pléonasmes, mauvaise concordance des temps, emplois impropres ou usages abusifs... Saurez-vous trouver toutes les erreurs ?

Peu académique

Tribute to Maître C, 2011

Tu sais c'est quoi qu'il m'est arrivé ce midi ? J'étais resté chez moi malgrès que c'était samedi, et j'ai tout à coup réalisé que ça me faisait comme si que j'avais oublié un truc. Je me suis rappelé d'un rendez-vous : il fallait vite que j'alle au coiffeur pour lui faire montrer mes racines qui commencent à brunir, voir même à noircir. J'avais besoin qu'un expert les voye. Moi, personnellement, j'aime pas faire attendre à autrui. Alors pour pallier à mon retard, j'ai décidé de prendre l'autobus. Après que je soye monté en haut dans le car, je vois un espèce de gugusse avec un cou pas allongé mais plus pire encore, un peu comme ceux des femmes arborigènes, qui s'énerve et lance des injures à l'intention d'un autre passager (un fringant cinquantenaire plutôt pas mal d'ailleurs...) Tout prétentieux qu'il soye, on aurait dit que le gugusse il avait mis la veste à sa grand-mère et le chapeau à son grand-père ! Moi, personnellement, je trouve que comme même ça se fait pas de s'habiller comme ça. Esthétiquement, c'est pas joli ! Qu'est-ce qu'ils croivent, les gens ?... Mais le gars il continue à bouillir, à dire que si ça serait celles de l'autre de chaussures qu'on aurait piétiné, il aurait râlé aussi. Et puis enfin, suite à ça, il va finalement s'asseoir sur un fauteuil libre et se calme un peu.

Une fois que j'avais solutionné le problème au niveau de ma chevelure, il fallait que je retourne de suite à la gare en bicyclette de façon à ce que je pouvais retrouver un ami à mon frère. Sur le parvis, c'est qui qui s'arrête à dix mètres de moi ? Le gugusse que je te parlais tout à l'heure ! Par contre, cette fois, c'est lui qu'un ami embêtait. Il lui conseillait, ce qui s'avérait vrai, de faire rajuster sa veste. Au jour d'aujourd'hui, malgrès qu'on est en 2021, c'est incompréhensif de tomber sur pareils gens !

L'auteur-compositeur-interprète Oldelaf (Olivier Delafosse) s'est notamment fait connaître grâce à sa collaboration avec les *Fatals Picards* puis la sortie en 2011 de sa chanson-sketch *La Tristitude*, dont le clip est entre autres rapidement promu par le site VDM. Sa plume drôle, truculente mais poétique, fait indubitablement d'Oldelaf un amoureux des mots.

Tristitude

Tribute to Oldelaf, 2011

La tristitude,

C'est d'prendre le bus alors que t'es agoraphobe…

Que tu te dis qu't'aurais p't'être pas dû mettre cette robe…

Que tu t'rends compte qu'le chauffeur c'est Sébastien Loeb.

Et ça fait mal…

La tristitude,

C'est d'être derrière une femme girafe au cinéma,

Quand on « baptise » tes baskets pour la première fois,

Quand ta voisine de bus s'épile pas sous les bras.

Et ça fait chier…

La tristitude, c'est toi, c'est moi, c'est nous, c'est quoi ?…
C'est un peu de détresse dans le creux de nos voix.
La tristitude, c'est hmmm, c'est wouuuuuh, c'est eux, c'est vous,
C'est la vie qui te dit que ça n'va pas du tout.

La tristitude,

C'est quand tu mets un chapeau pour cacher qu't'es chauve,

C'est quand tu ouvres la bouche et que tout l'monde se sauve,

Quand ta voisine de bus te dit qu'elle est *in love*…

Et ça fait chier…

La tristitude,

C'est quand l'métro annonce « incident voyageur »,

C'est quand le bus annonce « incident voyageur »,

C'est quand en fait c'est toi l'« incident voyageur »…

Et ça fait mal, ma-mal, ma-mal…

La tristitude, c'est toi, c'est moi, c'est nous, c'est quoi ?…
C'est un peu de détresse dans le creux de nos voix.
La tristitude, c'est hmmm, c'est wouuuuuh, c'est eux, c'est vous,
C'est la vie qui te dit que ça n'va pas du tout.

La tristitude,

C'est quand t'aurais aimé qu'on t'croise en t'ignorant,

Mais qu'on te fait r'mar'quer qu't'as un truc sur les dents,

Qu't'as plus de boutons sur la tronch' qu'à ton caban…

Et ça fait chier…

La tristitude,

C'est d'être costumier d'la série « Maison close »,

C'est d'être daltonien mais voir la vie en rose,

C'est de raconter presque cent fois la mêm' chose...

Et ça fait... pas vraiment mal en fait...

La tristitude, c'est toi, c'est moi, c'est nous, c'est quoi ?...
C'est un peu de détresse dans le creux de nos voix.
La tristitude, c'est hmmm, c'est wouuuuuh, c'est eux, c'est vous,
C'est la vie qui te dit que ça n'va pas du tout.

Le succès de la franchise des *Marseillais* peut à mon sens, du moins en partie, être expliqué par des phénomènes qui intéressent certains domaines de la sociolinguistique. C'est par exemple le cas de la fonction identitaire du langage, ou encore de celle dite « crypto-ludique » que Goudailler (2001) a développée à travers son analyse des argots.

Au fil des saisons, les *Marseillais* ont créé ce que j'appellerais un« argot de synthèse » en introduisant volontairement des expressions plus ou moins inventées qui n'étaient pas « authentiquement » marseillaises. En effet, je suis prêt à parier que c'est à la demande de la production que, d'une année sur l'autre, apparaissent de nouvelles expressions que les candidats claironnent à l'envi : « très tchatcheur », « en bombe », « y en a assez », « il a pas le temps », « les problèmes »... Cela renforce la fonction identitaire du langage : les jeunes (cible du programme) partagent des codes dont les autres (les vieux) sont exclus, ce qui explique le maintien du succès de l'émission. Cet argot préfabriqué joue finalement le même rôle qu'un style vestimentaire ou musical et répond à un besoin essentiel des adolescents : le sentiment d'appartenance à un groupe.

Cet argot de synthèse ne peut cependant pas se départir de certains marqueurs authentiques du parler marseillais. Des mots ou expressions comme « tarpin », « emboucaner », « cagole » ou « marronner » sont bel et bien dans les usages à Marseille.

Enfin, *last but not least*, l'accent est là. Le fameux accent marseillais. Comment le décrire, d'ailleurs ? Le linguiste phocéen Médéric Gasquet-Cyrus s'est penché sur la question et a mis en exergue les caractéristiques de cet accent à travers notamment deux phénomènes : la nasalisation (le fameux « putaing », où le « -g » final est appelé « appendice consonantique vélaire nasal ») et l'affrication (« voitchure », « djirect »).

Télé-réalité

Tribute to Alexia L-R, 2012

Donc ce midji, on doit accompagner Shayneece pour son shootjing, et clairement on est tous très contents. De là, on se prépare et tout, on s'ambiance, et on décide d'y aller, djirection : le shootjing ! De là, au lieu de prendre le taxi, la prod' nous avait djit de prendre le bus, manière, c'était notre mission. Donc là, y en a assez, on voit le bus arriver, et de là on décide de monter dedans. Et là, avec Shayneece, on voit un gars qui commence à faire le barbot avec un autre, nanani nanana, il commence à s'enflammer… Un emboucaneur, quoi. Mamma ! Rien que déjà il était vilain le tchype, on se foutait de sa gueule et tout, oh il avait un cou, c'était pas un cou, c'était une girafe le tchype ! Avec son chapeau à la Machin de Fontenay, il s'engrène avec un autre, mais genre en mode tarpin vénère, il était clairement au bout de sa vie, le tchype ! Manière l'autre il lui marchait sur les pieds ou j'sais pas quoi… ça va trembler, papa ! Moi j'étais bouillant, je voulais que ça pète, mais le gars il est allé s'asseoir, et de là on était arrivé pas loin du studjio, et on a décidé de descendre dju bus. On avait pas le temps pour les problèmes ! Shayneece, très tchatcheuse, en bombe, elle était motchivée à trois mille pour cent. Nous on était prêt à s'ambiancer parce qu'on a envie de vivre notre aventchure à fond, et on voulait que ça se passe bien pour elle, clairement !

Après le shootjing, on a décidé d'aller faire un tour en ville un peu, et de là on est allé se promener vers la gare. Oh ! Qui c'est qu'on voit encore en train de s'engrener ? Le tchype du bus avec le chapeau ! Non mais allo ! Là y avait son fraté qui lui montrait sa veste, *« nani nana ton bouton j'sais pas quoi…* ». Bref, on l'a laissé maronner, on a tracé et de là, on a décidé de rentrer, djirection : la villa.

Avant d'être chroniqueur, l'humoriste Pablo Mira a été journaliste. Il en a gardé les codes et tics langagiers pour créer en 2012 *Le Gorafi*, pastiche du *Figaro* devenu site d'information parodique dans lequel il rédige des brèves humoristiques plus vraies que nature.

Gorafi

Tribute to Pablo M, 2012

Paris : il paye son ticket de bus et l'oblitère

Stupeur ce matin à bord de la ligne 84 des autobus franciliens : un individu a été surpris non seulement en train de s'acquitter de son titre de transport, mais en outre en train de l'oblitérer ostensiblement, devant des usagers médusés. Témoignage :

« *Dès qu'il est monté dans le bus je l'ai trouvé suspect* », nous confie Raymond, 44 ans. « *Tenez-vous bien : il a dit "bonjour" au conducteur. Ça a de suite jeté un froid dans le car.* »

Mal habitués à de tels gestes à bord d'un transport en commun parisien, les passagers sont sous le choc.

« *Heureusement, on a été rassuré quand il s'est mis à insulter son voisin sous prétexte qu'il lui aurait marché sur les pieds* », nous confie une source proche de l'affaire.

Plus de peur que de mal : la situation s'apaise lorsque l'individu saute sur une place devenue libre, sous le nez d'une personne âgée, enceinte et handicapée.

« *Plus tard, j'ai recroisé ce type devant la gare. Son ami a osé lui dire que ce serait "tip-top" de rajuster sa veste. "Tip-top", en 2021… Où va le monde ?* » nous a par la suite confié Raymond, pris en charge depuis par une cellule psychologique.

La Rédaction

Comme tout mot affublé du suffixe « -isme », le pédagogisme désigne péjorativement les dérives de certains experts autoproclamés de la pédagogie. Leurs détracteurs leur reprochent un verbiage inutile et pompeux (comment ne pas mentionner le fameux « référentiel bondissant » désignant un simple ballon) souvent destiné à masquer des lacunes de fond et de rigueur, ainsi qu'une certaine déconnexion d'avec les réelles problématiques du terrain. En résulte ce sociolecte très jargonisant qui prête donc aisément le flanc à la parodie.

Pédagogo

Tribute to Philippe M, 2012

L'objectif opérationnel de cette première séquence sera pour l'apprenant de réaliser une démarche trajectorielle intégrée dans l'unité exocentrée d'un véhicule de transport en commun inhérent à la locomotion des apprenants et des adultes référents. On notera qu'à bord de ce référentiel trajectoriel, l'élève sera amené à recevoir un étayage multiple par ses pairs menant à un conflit sociocognitif, au risque d'empiéter sur les limites de sa zone proximale de développement. Dans le cas précis de cet élève ayant sollicité un dossier MDPH (car atteint d'hypertrophie vertébro-cervicale), on veillera à ce que son AESH assure une mission de maintien du référentiel couvrant sur-encéphalique dudit élève. Lors de cette séance d'évaluation diagnostique, l'empiètement sur la ZPD de l'élève risque de générer de la frustration chez celui-ci et, à terme, de conduire à une surcharge cognitive (notamment en conscience phonologique et discrimination auditive). En remédiation, on proposera à l'élève de changer son paradigme d'apprentissage en s'organisant pour co-construire une continuité spatio-temporelle d'actions, et ce en passant d'un équilibre vertical à un équilibre horizontal en semi-flexion.

L'objectif opérationnel de la deuxième séance, subséquente de deux heures à la première (et toujours dans une modalité d'apprentissage en extérieur, éventuellement au sein d'une ZIP ou d'un hub, tel qu'une grande gare de mégalopole), sera une évaluation formativo-sommative par un pair de l'élève précédemment mentionné. Par une relation bienveillante de tutorat, le deuxième élève sera amené à révéler les potentialités de l'apprenant en levant les obstacles cognitifs voire épistémologiques de celui-ci.

Connu pour ses bourdes langagières et moqué tant en France qu'en Allemagne où il a longtemps évolué, le footballeur Franck Ribéry met en évidence deux concepts déjà évoqués dans ce livre : l'insécurité linguistique et, partant, la glottophobie. Il est en effet souvent dénigré par des journalistes qui oublient un peu trop facilement qu'il a dû délaisser précocement l'école afin de se consacrer professionnellement au football et qu'il parle aujourd'hui couramment allemand. La critique est souvent aisée.

Fin de match *bis*

Tribute to Franck R, 2013

Franck, merci de nous accorder quelques instants. Dites-nous, comment vous êtes-vous préparés pour le déplacement de ce soir ?

D'abord j'ai mis mon survêt' et mes chaussures. J'ai pris mon sac et j'ai suivi les autres quand c'est que le coach il nous a dit. Et pour le déplacement… on est venu en bus.

Et comment était l'ambiance au sein de l'équipe à l'approche de la rencontre ?

Y avait une sale ambiance dans le bus, même que Willy il a voulu faire le nerveux à toucher mes crampons. Mais je voulais pas que les autres ils voyent que c'était tendu alors je lui ai laissé ma place au milieu au fond du bus, c'est la mieux pour sauter sur les dos-d'âne.

Merci Franck encore bravo pour ce match, on va vous laisser avec vos coéquipiers pour célébrer ça !

… On est célèbre mais on essaie quand même de garder les pieds sur les épaules. On est fier de mouiller le maillot, en plus il sèche vite celui-là. Mais avec un col en V ça ferait plus beau gosse quand même !

Mots croisés

Tribute to Michel L, 2013

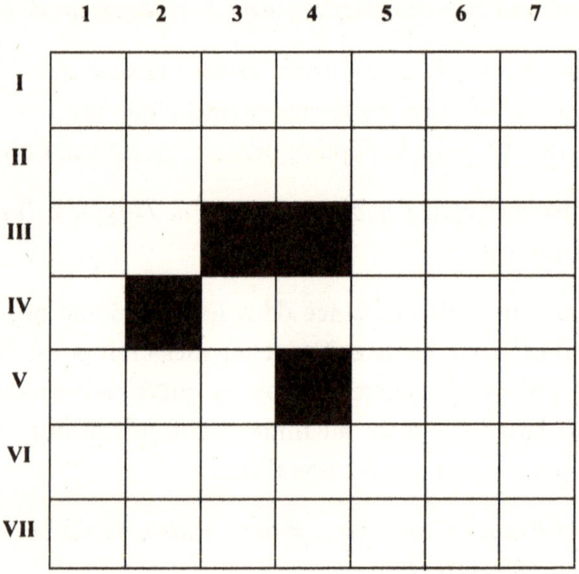

VERTICALEMENT

1. Le sien a une tresse plutôt qu'un ruban.
2. Bien entendu. Plus tard devant la gare il en retrouve un.
3. Dans les dents. But.
4. Dans le chaos. Bout de ligne.
5. Balayas du regard.
6. À bord du bus on se sent comme elle.
7. Comme chaque passager après avoir entendu ses plaintes.

HORIZONTALEMENT

I. Il se plaint qu'on la lui piétine.
II. Le décor de l'histoire.
III. En bout de ligne. Ne manque pas d'aire !
IV. Peut-être à son veston l'a-t-il confondu avec mardi ?
V. Comme un perroquet mal formé. Plume américaine née le même jour que Queneau.
VI. On croirait qu'il en a un tant son cou est long.
VII. La population du bus l'est par lui.

Voir solutions page 306

Quelle maestria dans la plume de Stéphane De Groodt ! En digne successeur de Raymond Devos, ses textes ciselés nécessitent plusieurs écoutes pour en saisir toutes les subtilités. Mêlant jeux de mots, figures de style et calembours, il dépeint dans ses chroniques absurdes ses rencontres imaginaires avec les grands de ce monde. Un exercice de style en soi.

Absurdie

Tribute to Stéphane DG, 2013

Vous le savez peut-être déjà, et si c'est le cas, il eût fallu que vous l'ignorassiez assez afin que je *pusse*... justement vous la mettre à l'oreille ; mais le 19 août dernier, nous fêtâmes (non, pas *Salakis*) (ou alors, passe à la caisse) le 359e anniversaire de la mort de Blaise Pascal. Souhaitant fixer une date pour le rencontrer afin de pouvoir enfin répondre à la question que je me pose trop souvent : *« bon, quand est-ce qu'on Blaise ? »*, je m'efforçai de trouver un moyen de le contacter. Ce qui fut difficile : *Pascal*...a vérité, se rencarder avec un défunt, c'est vachement *B(a)laise* ! Fût-ce l'ectoplasme de Pascal. L' « ecto-Pascal », quoi. Au téléphone, il ne me met pourtant pas la *pression*. (Pas de quoi se taper des *bars* !) Il se montre doux comme un agneau, Pascal. En gros, vous l'aurez compris : il me met tout de suite à l'aise, Blaise. Fier d'avoir créé en 1662 les premiers transports en commun, mais tout seul, ses « carrosses à cinq sols » ancêtres de la RATP, il me dit de prendre le car à 12 heures et quart, car il me conduira au rencart. Et je *Ricard* il crut bon de préciser *« plutôt à Paris qu'*anis ». Cependant, venant pourtant *Duval* de Marne, ce n'est pas le *51* mais le 84 qu'il m'indiqua, voulant me guider tel un *Berger*. (Tant d'infos, on en *Pernod* latin !) *Casanier* que je suis, ne voulant toutefois pas fournir un *pastiche* d'interview, je me mis tout de même en route pour le rencontrer. (Je vous vois rire jaune...)

Une fois à bord à bâbord du car (« *Où es-tu, où es-tu ?...* ») (comprenne qui pourra), on se retrouve serrés comme des sardines à l'huile de coude, car il faut en jouer pour se frayer (« frayer »... « sardine »... vous l'avez ?) un chemin. À chaque à-coup (*Chakakou !)...* à chaque à-coup du car, un individu au cou deux fois plus long que la normale (un « cou-cou », quoi, le *neck* plus ultra, si vous êtes anglais) se plaint coup sur coup des coups de pieds de son voisin. Il lui lance même des noms d'oiseaux. *Hibou* de rage, le type ! Son voisin n'est pas pour autant un pigeon et ne se laisse pas a-*buse*-er par ce blanc-bec : il lui vole dans les plumes, moquant le couvre-chef de cet homme-girafe (merde, c'est pas un oiseau... « homme-cigogne », si vous préférez.) « *Chouette* ! » se dit en *toucan* ce dernier en se précipitant sur une place enfin libre. Tel un vautour, évidemment. Paraphrasant l'auteur de *Zazie dans le métro*, ce fut donc la zizanie dans l'autocar.

Un peu plus tard dans la journée, je reçois un SMS de Blaise (oui, un « texto-Pascal ») qui me dit « *T'es où bordel ? RDV devant la gare Saint-Lazare. Be there !* » Vous avez dit « bizarre » ?... Comme c'est deux heures... je file fessa (oui c'est comme « fissa », mais quand on se magne vraiment le *train*, pour justement ne pas le louper) à Saint-Lazare, ne voulant pas le rater. Pascal, pas le train. Après dix minutes à poireauter, qui vois-je au loin ? L'agresseur du bus : ce gai luron et son galurin, ce couillon au long cou, ce « sous-fifre la girafe » ... Un homme s'approche de lui, réajuste son veston ; ils échangent quelques mots. Puis les deux hommes se quittent, quittes.

Rentrant chez moi bredouille après avoir attendu toute l'après-midi, je reçois un coup de fil de Blaise. (Oui, c'était téléphoné.) *« Je t'avais pas mis au courant ? C'était moi le conducteur du bus, mon bon ohm !* (Oui, j'ai l'habitude de me montrer résistant…) *T'es pas venu me voir ?* » Comme je ne suis pas une lumière, la situation ne s'éclaire pas tout de suite. Il poursuit : *« Et comme y avait un gars dans le bus que j'ai recroisé devant la gare, j'ai cru que c'était toi. Je suis allé lui parler et je suis passé pour un con !* » Mais alors mais… Aaah… Mais ! Oooh… Tout s'éclaire. Seule ombre au tableau : c'est que cette interview, bah je vais devoir me la RATP !

Nous avons pu le constater à travers les diverses versions de cet ouvrage : le français est une langue vivante, dynamique et plurielle qui suit nécessairement les évolutions de la société ainsi que de ses nombreux locuteurs présents sur les cinq continents. Ceci s'est par exemple traduit lorsqu'en 2019, l'Académie française elle-même s'est enfin montrée favorable, après des siècles de farouche réticence, à la féminisation des noms de métiers, titres et fonctions. Car en matière de langage inclusif, le débat ne se résume pas à l'écriture du point médian comme ses opposants cherchent à le cantonner. Outre la féminisation des métiers, afin de tendre vers la fin d'une certaine invisibilisation linguistique des femmes et vers une réelle égalité, on peut par exemple avoir recours aux noms épicènes, aux mots englobants, à la double flexion, à l'accord de majorité ou encore à celui de proximité.

La loi de 2013 ouvrant le mariage aux couples homosexuels est également une évolution de notre société qui tend à une meilleure inclusion. Nous l'avons d'ailleurs évoqué dans la version « Émojis », les langages évoluent en conséquence. Pour preuve, le débat suscité par la modification dans les formulaires officiels des termes « père » et « mère » en faveur de « parent 1 » et « parent 2 ». La société et la langue évoluent, n'en déplaise aux *haters*.

Mariage pour tous

Tribute to Anne JP, 2013

Si nous sommes réunis aujourd'hui dans cette solennelle demeure, c'est pour célébrer l'union de deux êtres. Deux êtres qui ont promis, devant les hommes et les dieux, de s'aimer et se chérir toute leur vie. Raymond, né un 21 février et William, né un 14 juillet. Un Poisson et un Cancer qui, au milieu de l'océan de la vie, ont su se frayer un chemin l'un vers l'autre. Ils auraient pourtant pu se croiser à maintes reprises par le passé : se piétiner dessus dans le bus pour rejoindre le lycée, se bousculer à la sortie de la gare ou s'asseoir côte à côte sur le campus de leur université… Mais le sort en décida autrement ! Il fallut attendre un radieux jour de printemps pour que trams, bus et terrasses de café soient noirs de monde et que, malgré un certain manque d'électricité, l'étincelle se fasse. Que le feu s'embrase pour ne plus jamais s'éteindre. Et c'est ce qui les amène aujourd'hui devant nous. William et Raymond, vous allez vous engager à vous soutenir dans les bons comme dans les mauvais moments, à vous serrer les coudes, à ne pas faire porter le chapeau à votre partenaire à la moindre querelle, à ne rien considérer comme acquis et enfin à tordre le cou aux mensonges et aux non-dits. Et je sais que vous allez tenir ces engagements, car vous êtes d'ores et déjà armés pour. Car vous vous aimez, tout simplement. Car « *Любовь сильнее всего.* »[1], comme le dit le proverbe russe.

Inutile de vous rappeler la parabole du mauvais riche et du pauvre Lazare, Raymond et William, mais vous vous engagez également à être bons et généreux l'un envers l'autre mais aussi avec autrui. À agir tel saint Martin, prêts à partager votre veste pour couvrir votre prochain dans le besoin. Enfin, à être à l'écoute l'un de l'autre, à maintenir ce feu allumé, d'autant plus que maintenant vous y êtes aidés par le fruit de votre amour. Puisse votre union être sacrée, puisse votre amour perdurer et puisse votre bonheur atteindre un niveau supérieur chaque jour. Vive les mariés !

1. Proverbe signifiant : l'amour est plus fort que tout.

Le « logo-rallye » ou « passage obligé » est un exercice consistant à devoir inclure dans son récit des mots choisis à l'avance, de préférence au hasard, si possible dans l'ordre dans lequel ils ont été tirés au sort (ou dans l'ordre alphabétique, c'est selon). Dans ses *Exercices de style*, Queneau propose d'ailleurs une version « logo-rallye » incluant, dans l'ordre, les mots « dot », « baïonnette », « ennemi », « chapelle », « atmosphère », « Bastille » et « correspondance ».

Ici, point de hasard ni d'ordre à respecter. Les mots choisis délibérément sont en fait uniquement des mots ou expressions figurant parmi les nouvelles entrées dans l'édition 2015 des dictionnaires Larousse et Le Robert. Il s'agit donc davantage d'une version hybride entre le « logo-rallye » et le « modern style » (une autre des 99 versions de Queneau) donnant lieu à un texte contemporain… ou presque. Car ces mots ont, indubitablement, un certain goût de passé, proche pourtant. Une façon de montrer la rapidité d'évolution de notre langue : à peine entré dans le dictionnaire, un mot est déjà has been. Et ce texte sonne *so 2015* !

Tempus fugit

Tribute to Pierre L., 2015

anonymous – anticriminalité – archée – bardasser – bistronomie – burrata – chronographe – comics – cyborg – dermographe – gyoza – hipster – MDMA – nominette – pandoravirus – procrastiner – selfie – shiitaké – super-héros – traitillé – vapoter – zumba

animatronique – annus horribilis – antipasti – bolosse – botoxé – bruschetta – café gourmand – code vestimentaire – écoresponsable – empreinte carbone – gif – groover – hashtag – hystérisation – iconique – made in – masculinisme – noniste – obsolescence programmée – périurbanisation – pilates – psychoter – taffer – triper – troll – scud – surinterpréter – tag – végane – viralité – zénitude

Voulant tirer un trait sur cet *annus horribilis* et ayant pris la résolution de cesser de *procrastiner*, je m'empresse ce matin de prendre le bus afin de rallier mon cours de *zumba* à la sortie de mon *comic* favori, en évitant au passage de *vapoter*. À bord de l'autocar, je vois ce type qui m'exaspère. Le genre de *hipster iconique made in* Paris manquant de *masculinisme* qui va te faire la morale sur *l'obsolescence programmée* de ton iPhone mais kiffe prendre des *selfies* et *tagguer* ses *burgers gyoza/shiitaké/burrata* à coups de *hashtags* « *#végane* ». Un *noniste* de la protéine animale se prétendant *écoresponsable* et conscient de son *empreinte carbone*.

En vérité c'est un gros *troll* : victime de la *périurbanisation*, ce mec hante les autocars, muni de son chapeau orné d'une *nominette* aux *traitillés* ridicules, et sous *MDMA* il agresse parfois les usagers en *surinterprétant* leurs bousculades. Il *taffe* en fait dans l'informatique (un soi-disant projet sur *l'animatronique* à base de *chronographes cyborgs* luttant pour *l'anticriminalité*, mais en réalité il se contente d'échanger des *gifs* pornos avec ses collègues en se prenant pour *Anonymous*) et sa nana est une *barista botoxée* dans un de ses lieux branchouilles où on te vend de la *bistronomie* à base de viande à tire-larigot. Bref !

Il envoie un gros *scud* à son voisin, commence à *bardasser* et se plaint qu'on lui marche sur les pieds. Avec son cou démesuré qui ferait *triper* plus d'un *dermographe*, ce *super-héros* des *bolosses* fait *psychoter* tout le monde dans le bus. Chacun craint que la *viralité* de sa mauvaise humeur n'explose, telle une *archée* sous *pandoravirus*, et que *l'hystérisation* éclate au sein du car. Heureusement, le taré se calme et prend finalement la voie de la *zénitude*, allant *groover* du côté d'un siège devenu vacant.

Deux heures après devant Saint-Lazare, alors que je digère mes *antipastis* à base de *bruschettas* avec un *café gourmand* avant mon cours de *pilates*, j'aperçois de nouveau le détestable *hipster* du bus, en conversation avec un ami qui critique son *code vestimentaire*.

Analogue à la version « playlist », cette cinémathèque propose de raconter une histoire à travers des titres de films. Moteur… Action !

Cinémathèque

Tribute to Pierre Magic T, 2016

Chapeau melon et bottes de cuir, 19 août 1998, 1 heure 29.

La Haine, 31 mai 1995, 1 heure 35.

Fight Club, 10 novembre 1999, 2 heures 31.

Déjà Vu, 13 décembre 2006, 2 heures 10.

La Nouvelle Guerre des boutons, 21 septembre 2011, 1 heure 49.

Vous l'aurez peut-être compris, les anglicismes sont un peu ma marotte. Et force est de constater qu'ils se sont récemment invités dans les discours politiques. Dans une volonté ambiguë qui tend à ménager à la fois la chèvre et le chou, il est assez cocasse de voir l'État français condamner et combattre les anglicismes d'un côté (n'oublions pas que nous sommes dotés d'une « Commission d'enrichissement de la langue française »), tandis qu'il les affiche d'un autre de manière de plus en plus décomplexée. Récemment, le gouvernement a par exemple opté pour « Choose France » comme slogan et nom du sommet visant à promouvoir l'attractivité (économique) de la France. Dans cette lancée, en février 2020, à Dubaï, c'est le slogan « Taste France » qui a été promu par nos institutions pour dépoussiérer la vision élitiste de notre gastronomie. Enfin, à l'occasion des Jeux olympiques de Paris 2024, c'est l'expression « Made for sharing » qui a été retenue comme devise. Symboles de ce « en même temps » souvent critiqué, les anglicismes ne se portent finalement pas si mal dans la *start-up nation*.

Néanmoins, comme on l'a déjà souligné, cet engouement pour les emprunts anglophones n'est sûrement qu'un effet de mode destiné par essence à ne pas durer. C'est pourquoi je n'y ai pas eu recours dans cette version, qui reprend en revanche d'autres poncifs des discours politiques.

Politicien

Tribute to ?, 2022

Nombreux sont nos concitoyens et concitoyennes qui se sont bousculés aujourd'hui pour aller s'acquitter de leur devoir civique en oblitérant leurs cartes d'électeurs. Dans le 84e canton, on nous a même signalé des files d'attente où les gens piétinaient littéralement les uns sur les autres – rassurez-vous toutefois, c'était toujours dans le respect républicain, aucun heurt n'est à déplorer. C'est dire si cette échéance tenait aux cœurs de nos compatriotes. Et ce fut un véritable raz-de-marée électoral ! Cependant, tordons le cou aux clichés : pas de triomphalisme, ne jetons pas nos casquettes et chapeaux en l'air trop vite. Nous ne voulons pas nous asseoir sur nos lauriers, comme beaucoup d'adversaires l'ont fait avant nous. Il faut se mettre au travail ! Sachons rester intègres et humbles face à notre victoire écrasante lors de ce scrutin.

[...]

Près de deux heures après mon investiture, nous revenons vers vous pour vous dire, mon équipe et moi-même, que nous avons compris le message des Français. Ce plébiscite incontestable en notre faveur ne doit pas pour autant nous faire perdre de vue ce pour quoi nous avons été appelés par les urnes : notre programme, les promesses faites à nos concitoyens et les objectifs que nous nous sommes fixés.

Il est grand temps pour nous de nous mettre au travail au plus vite, mais toujours avec pour dessein de répondre aux préoccupations de nos électeurs. Car comme le disait Dietrich Bonhoeffer : « *Si vous prenez le mauvais train, il est inutile d'arpenter les couloirs dans la bonne direction.* » Nous saurons nous remettre en question et être à votre écoute ; qui en développant le dialogue avec les jeunes de nos quartiers, qui en déboutonnant sa veste et retroussant ses manches pour aller sur le terrain à la rencontre de ceux que les « grands » de ce monde appellent la « France d'en bas »... Nous sommes pour eux un bouton indésirable sur le visage qu'ils voudraient que notre pays affiche. Mais ce bouton, vous ne l'enlèverez pas ! Il n'existe pas de lotion contre notre volonté et notre détermination ! Merci encore pour la confiance que vous nous témoignez, vive la République, et vive la France !

Solutions des mots croisés p. 286

	1	2	3	4	5	6	7
I	G	O	D	A	S	S	E
II	A	U	T	O	C	A	R
III	L	I			A	R	E
IV	U		L	U	N	D	I
V	R	A	A		N	I	N
VI	I	M	P	L	A	N	T
VII	N	I	A	I	S	E	E

I. Godasse

II. Autocar

III. Li. Are

IV. Lundi

V. Raa. Nin

VI. Implant

VII. Niaisée

1. Galurin

2. Oui. Ami

3. Dt. Lapa

4. Ao. Li

5. Scannas

6. Sardine

7. Éreinté

Conclusion

En tâchant de me garder d'être pompeux ou ennuyeux, j'ai voulu présenter à travers ce livre et de façon humoristique certaines figures de style oulipiennes, sources de jeux littéraires, ainsi que divers concepts de linguistique. Vous voilà désormais familiers avec l'acrotéleuton, le zeugme ou le kakemphaton ; comme avec la glottophobie, la rétroacronymie ou encore la fonction crypto-ludique des argots. Le but étant de nous rendre compte qu'il n'existe pas une unique langue française, figée et fantasmée, mais que celle-ci est plurielle, dynamique : vivante.

S'il y a une infime chance que j'aie pu vous donner envie de sourire, de réfléchir et, pourquoi pas, d'écrire, alors j'en serai le premier heureux. Si d'ailleurs vous souhaitez faire vivre cette langue encore un peu davantage, je vous propose quelques exercices subsidiaires… À vos crayons !

Régionalismes

À la manière de la version « Bas perpignanais » relative à la parlure du Perpignan de mon enfance, il y a fort à parier que chaque ville de France et de Navarre (et même bien au-delà) puisse produire sa propre version. Et vous, quelle est la vôtre ?

....

....

....

....

....

....

....

....

....

....

....

....

....

Logo-rallye 2022

Afin de montrer le dynamisme de notre langue, j'ai opté pour une version « Logo-rallye 2015 » qui sonne déjà so hasbeen. Écrivez donc la version 2022 (pour la relire dans cinq ans) avec ces mots piochés parmi les nouvelles entrées lexicales du Larousse et du Petit Robert 2022 :

Cluster – Quatorzaine – Click and collect – Télétravailler – Mocktail

DIY – Mythonner – Pseudonymat – Blob – Autotune

....

....

....

....

....

....

....

....

....

....

Liponom / Lipoverbe

Nous avons déjà pu appréhender les notions de lipogramme, de lipophonème et de lipographème. Ici, c'est encore une autre variante : ce sont les classes grammaticales qui sont proscrites. Le liponom interdit tous les substantifs, quand le lipoverbe évite, comme son nom l'indique, tous les verbes. Saurez-vous relever le défi ?

....

....

....

....

....

....

....

....

....

....

....

....

Rigidité de l'okapi

Cette contrainte, auto-définie par son nom, est assez proche du « Cours Préparatoire » mais s'en distingue tout de même. Elle exige en effet d'écrire de manière à alterner strictement voyelles et consonnes.

....

....

....

....

....

....

....

....

....

....

....

....

....

Anaérobie anhydre

Comme son nom l'indique, ici la contrainte nécessite de se priver d'air (d'R) et d'eau (d'O) : il s'agit d'un lipogramme en R et O.

Pangramme

Un pangramme est un texte (une phrase, dans le meilleur des cas) qui comporte toutes les lettres de l'alphabet. Bien évidemment, plus la phrase est courte plus le pangramme est de qualité. Peut-être vous souvenez-vous du fameux « Portez ce vieux whisky au juge blond qui fume » souvent attribué à tort à Perec qui, outre le fait d'être un pangramme, est en plus hétéroconsonnantique : chaque consonne n'apparaît qu'une seule fois.

Frottez-vous donc au pangramme, puis essayez de réduire votre texte au maximum. Alors, combien de lettres ?

....

....

....

....

....

....

....

....

....

Imprimé en France par CPI en août 2021
N° d'impression : 2059935
ISBN : 978 2 38015 076 6
Dépôt légal : septembre 2021